漫娱图书

古 人 很 潮 MOOK 书 系

古人很潮 编著

李白

与君天下游

长江出版社
CHANGJIANGPRESS
漫娱图书

目录

引言

- 大唐穿行必备指南 005
- 粉丝打卡板 020
- 梦回盛唐之我是李白 026

第一单元 长歌吟松风

- 任务一：咏唐 034
- 大唐名酒安利 042
- 饮中八仙歌 047
- 隐藏任务：寻找李白 058
- 李白的年度诗歌报告 066
- 昨夜星辰恰似你 073

第二单元 纵死侠骨香

- 任务二：谪仙 088
- 元丹丘：道友，一起修仙吗 092
- 寻仙问道那点事儿 097
- 一个剑客的自白 104
- 名剑小科普 109

第三单元

吾兄青云士

- 孟浩然：世界上的另一个我 145
- 李邕：和李白针锋相对的那些事 138
- 贺知章：金龟换酒，故人不归 133
- 王昌龄：洛阳亲友如相问 127
- 李白的友人账 124

- 任务三：盛唐 169
- 群星吐槽大会 165
- 如题，请问如何做好全职诗人 156
- 圈内产出大佬的马甲掉了 152

第四单元

托身红尘中

- 大唐瓜田论坛 184
- 李白安利帖 193
- 论在唐朝如何成为『富一代』 198
- 任务四：捞月 203

『61号记录员，您有一封新的任务清单，请查收。』

亲爱的历史记录员，

　　你好！此次的任务对象是身上谜团重重的李白，你将通过回溯时空的方式还原历史真相。

　　李白的剑术是否真的那么好？李白在哪里出生？李白是怎么死的？

　　……

　　你需要回到李白所在的时空，查明李白身上的多个秘密。请你牢记，只有将碎片全部收集，才能拼出完整的李白形象。

　　预祝你一切顺利。

接收人签名：_____

发布者：历史记录局

梦回盛唐之我是李白

文／明戈

点击进入任务

人物ID：李白　　　　　　主要目标：了解李白

进入时间：唐玄宗天宝元年　附带技能：酒量+10，剑术+5

注意事项：这只是进行任务前的测试，之后你将正式开启穿越旅程。愿您一切顺利。

正在为您载入世界……

你看着眼前古色古香的建筑，有些发蒙。

半小时前，你在家一边喝着新丰酒，一边读李白的诗集。酒很好喝，你一连喝了好几杯，然后……

然后你貌似就到这里来了，果然上司不会白给你放假。

现在应该是午夜，街上行人稀少。除了几家酒楼燃着灯烛，其他店铺都已经打烊了。正当你疑惑这是怎么回事时，头顶漆黑的夜空霎时间由暗转明，变成艳阳高照的白昼。顷刻间你身边游人如织，车马喧嚣。

看着这般奇异景象，你心下了然。

——上司给的酒有问题，自己八成是喝多了做梦呢。

你低头看去，只见自己穿了件月白色锦袍，十分俊朗，一侧还挂着把精致的佩剑。路过的姑娘们都频频向你侧目。

你不禁心下偷乐，看来梦里你还是位帅气公子。

正当你打算到处逛逛，欣赏一下古代的街景，远处忽然有一英俊少年向你这边挥手。

"李兄！"

李兄？这是叫谁呢？

你环顾四周，却是无人应答。

等你再转过头来，那少年已到了你面前，正笑眯眯地看着你。

"李兄，你怎么今日就来了？"

你微微一愣。好家伙，这梦还带剧情。

那少年见你面露茫然，开口道："太白，你该不会不记得我了吧。三日前我们几人喝酒结识，还约好明日一起在此处比试剑法啊。"

你仰头看去，只见一侧商铺不知何时变成了洛阳城门，威武气派。

等等……

刚才他管你叫什么？

"你……你叫我什么？"你嗓音微微发抖。

"李太白啊。"

你只觉有一万颗烟花在你大脑里轰然绽放。

——你竟然在醉酒的梦里，变成了李白！

跳转6

"还是罢了。"你摆摆手。你实在怕万一在比试中露馅。

还未等说完，你忽然感觉眼前一黑。再睁眼，已回到家中。

你看了看还未喝完的酒，淡淡笑了笑。

"也好，有机会一舞李白的剑。"

足矣。

达成结局：一剑春秋

被拒官又算得了什么，一次不行就再试一次。

你想到方才舞剑时的挥斥方遒，踢开地上的酒壶。

这时不知从哪里冒出一位戴帽的卖酒老者。他看向地上的酒，摇了摇头。而后又递给你一杯酒。

"年轻人，尝尝这个。"

"谢谢，可我还有急事。"你摆手拒绝了他。

"不差这一杯。"老人伸手举着酒杯，很执着地继续递给你。

你看向老者满是期待的眼神，不好再拒绝，只得接过来尝了一口。

"这是……西凉葡萄酒？"

老者笑眯眯地点点头。

酒刚一落肚，你便觉得头有点晕，似乎又要倒下。

这杯酒竟如此醉人？

等再次醒来，你还端着那杯酒，但周围已经变成了长安的一场宴席。你正一边诉说自己为官的理想，一边和一位叫贺知章的老者痛饮。

你不受控地将杯中的酒一饮而尽，而后你便又醉了过去。

如果把这一次次的梦中醉酒比作盗梦空间，那你现在已经不知道自己正身处第几层梦境中了。

你醒来时正躺在一张红木榻上，贺知章从外面急匆匆地走进来。

"你终于醒了。昨日你饮了好几壶西凉葡萄酒，我都怕你出什么意外。"

随后他难掩激动神色，又继续道："皇上看了你的文章，龙颜大悦，宣你即刻入宫辨识番书。"

你大脑有些发蒙，尽力消化着这些突然涌入的信息。本来自己是个篱边失意人，怎么喝了两杯酒，就被大唐最高领导人召见了？

不过你来不及开心。都说伴君如伴虎，万一皇上不好相处怎么办？

事实证明，你的担心是多余的。

皇上看到你来后，亲自从步辇上走下来迎接你，共上金銮殿。到了殿上，皇上又赐你七宝琉璃床，握住你的手激动道："见卿，如贫得宝，如暗得灯，如饥得食，如旱得云[1]。"

---

[1] 冯梦龙《警世通言·李谪仙醉草吓蛮书》。

"朕封你为翰林待诏！"

你听后惊得直咂嘴。不愧是李白，这可真是爽文人生，逆天到不讲道理。

随后，唐玄宗又在饭桌上亲自为你盛汤斟酒。

"爱卿，快尝尝这上等西凉葡萄酒。"

……

怎么又是它。

你都快哭了。这酒好是好，但一喝就乱换场景，这谁受得了。

可不喝又是抗旨……

你决定 _____

算了，命要紧。万一在梦里被人一剑砍死，那不也挺疼的。

你抬头看向少年，面露难色，想扯个借口放鸽子。突然，你眼前袭来一片黑色。

等你再次睁开眼，你正在你家的凉椅上躺着。胸口上盖着李白诗集，地上躺着那壶新丰酒。

窗帘随风飘起，轻轻拂过你的脸，带走你残留的醉意。

刚刚做了个什么梦来着……

达成结局：瞬梦皆空

算了，反正梦不都是跳来跳去的。

你拿起酒杯，将酒一饮而尽。

场景果然变换了。

而此刻，不知是因你醉得太多，或是在梦里陷得太深，你变得无法控制自己的身体。你的灵魂像一个旁观者，又像与李白融为一体。

碧水湖畔，景如仙境。你不复被赏识的喜悦，而是看着自己被驳回的谏书，眼色低垂。皇上站在御舟上，无事发生般唤你过去为他的诗作序。你握着酒杯的指节微微发白，而后终是泄了劲。你将酒一饮而尽，高呼道：

"不可，臣是酒中仙。"

御花园里，牡丹正盛。你因心烦而醉酒，皇上却用冷水泼醒你，命你为花中贵妃作诗。冷水顺着你的发梢滴落，你觉得心中的某处也被随之浇灭了。你轻笑了下，而后饮尽杯中酒，抬眼懒洋洋道："要我作诗可以。只是要烦请高力士来给我脱靴，贵妃来为我研墨。"

客栈里，烛火明灭，你面前是皇上御笔亲书的"赐金放还"——那几个字刺得你生疼。你抬起手中的酒杯，冰凉的酒尽数落入喉中。

"奸臣污吏，欲加之罪，何患无辞？"

……

身边的场景消散了，你依旧站在篱旁，手中还握着那卖酒老头给你的西凉葡萄酒。

原来如此。

怪不得是此般跳转。

李白苦苦求官十六载。原来那些失意，那些得意，都在这杯酒里。

"还想为官吗？"老者笑着问道。

"不想了不想了。"你如梦初醒，连忙摆手。

老者又拿出一杯酒："再尝尝这个。"

你拿过来闻了闻。

——清酒。

你看向老者微微浑浊的眼睛，犹豫了片刻，而后抬颌饮了下去。

跳转9

你一动不动地缓了好半天的神，吓得少年以为你被点了穴。

"哥，没事吧？"他实在忍不住，发问道。

你回过神来，连连摆手。能在梦里体会李白的人生，怎么会有事呢。

简直不要太爽好吧！

"嗨，昨晚没休息好，兄台见谅。"你故作潇洒地一拱手，"对了，你刚才说我们明日约在此处干吗来着？"

"比试剑法啊。"少年朝着你的剑努了努下巴，"那日你说你师从大唐第一剑圣裴旻，我们可羡慕得不得了，都想和你切磋切磋。"

完蛋。

你既不是李白，也不懂剑术。

……要不跑路？

你心里盘算着。

可好不容易有机会体验李白的人生……

一番抉择后，你决定 _____

你看着那杯酒,摇了摇头。

一旁的太监脸都吓绿了,不过唐玄宗却没生气,反而将酒杯拿了回来。

"爱卿若不喜欢,那便不喝。来人,换金陵春。"

皇上对你还真是宽容。

酒过三巡,你已是半醉,那金陵春真是好酒。向皇上告辞后,你走出大明宫。午后的阳光照在金黄琉璃瓦上,一切都暖洋洋的。

你手中握着皇上的封官圣旨,脚步虽醉酒不稳,但十分轻快。

你此刻清晰地感受到了与李白相同的感觉。年少的梦想得以实现,心中尽是舒畅,与阵阵压不住的欣喜。

一阵春风拂来,你乘着酒意朗声诵道:"仰天大笑出门去,我辈岂是蓬蒿人。"

贺知章走下马车,笑问道:"志得以平,快哉?"

你重重一点头。

"快哉!"

达成结局:快意人生

"好啊。"你连连点头。

有机会喝到李白的同款酒,岂有拒绝的道理?

一个时辰后。

你迷迷糊糊地趴在了酒楼的桌子上。这新丰太过好喝,一不留神你便多喝了几杯。

"托交从剧孟,买醉入新丰。笑尽一杯酒,杀人都市中。"你毫无意识地嘴里喃喃道。

而这场《结客少年场行》,也随着你的醉倒落下帷幕。

等你再次睁开眼,周围的景色已是全然变了,你正醉醺醺地倒在篱下花旁,一旁的匾上醒目写着岘山面馆。

岘山？你怎么跑到襄阳来了？

你思忖片刻，估计是梦里你醉了酒，于是又换了场景。

这时，你身旁传来几个黄髫小儿的嬉笑声。他们围住你，一边拍手，一边高声唱着白铜鞮之歌。

你摇晃着站起来，身上的酒壶应声落地。

"哈哈哈，你们看他，简直像山公一样烂醉如泥，都站不稳。"其中一个小孩指着你笑道。

好家伙，原来是在笑话你。不过话说回来，自己怎么喝成这样了？

你忽然摸到口袋里有个纸团。掏出来展开后，竟是封毫无回复的求官信。

怪不得。

肯定是因为李白在此求官不遂，于是借酒消愁。

你看着地上倒着的酒壶，决定 _____

A 继续借酒消愁。 跳转11

B 继续努力求官。 跳转3

你正面对一桌奢华的筵席。

桌上玉盘珍馐，佳肴美酒。如果是平时的你，定会立刻大快朵颐。可此时，你却放下了筷子，一点都没有想吃的欲望。

你开始不受控般地低落茫然，似乎又与李白融为了一体。

你想到了自己被赶出宫时的模样，又想到年少舞剑时睥睨一切的狂傲，而后猛地站起身来，拔出了身侧的宝剑。

它还是光亮如初，一如当年模样。

可自己呢？还和当年一样吗？

忽然，周围的一切都如洇了水的画般消散开来。你身处一片白茫茫之中。

你低头看去，不知何时，身上的衣服又变回了你的家居服。

而方才那个卖酒老者正站在你面前。发须皆白，手里还拿着个酒壶。一边喝，一边念着：

"金樽清酒斗十千，玉盘珍羞直万钱。停杯投箸不能食，拔剑四顾心茫然。

欲渡黄河冰塞川，将登太行雪满山……行路难！行路难！多歧路，今安在？"

许是喝多了，他眼角微红。

你恍然明白了什么，而后一拱手。

"太白。"

老者放下酒壶，抬眼看向你。

"我的酒好喝吗？"

你点点头，而后又摇摇头。

"好喝，也难喝。"

你曾经十分羡慕李白，羡慕他的超凡脱俗、肆意洒脱。

可今天你才真正意识到，根本就不是这样。

这位诗仙有多为自己的天资骄傲，被唐玄宗视为弄臣时他心底便有多悲凉，那个黎明舞剑的少年有多少抱负，目睹官场黑暗时便有多少心痛无奈。

人们只看到上天赐予他成倍的才华，却看不到他承受的同倍的痛苦。

这一杯又一杯，看似豪放不羁的酒里，承装了太多世人不知道的东西。

太白看向你，举了举酒壶，转身离开了。

你忽然想说点什么，但你又觉得鼓励一个已经逝去千年，而且只是你梦到的诗仙的行为很蠢。

你想了想后决定_____

说。

跳转13

不说。

跳转12

比就比，怕什么！反正在梦里输了也不算丢人。

想到这里，你朝少年微微一笑，转身离开，只留下深藏功与名的背影和一句。

"明日不见不散。"

到了客栈，你忽然想起了什么，而后猛地一拍大腿。

光记得要酷了，没问比赛时间。

第二天，怕错过切磋的你起了个大早，到洛阳东门时天都没亮。

你站在原地静静等着。黎明前的风有些凉，拂过你衣袍的一角。

很快，天边变成了鱼肚白，太阳露出了点鲜红的轮廓。它满带着喷薄而出的新生活力，慢慢唤醒了人间。而天与地，则被镀上一层带着粉的金色。

在这一片盎然中，远处传来几声啾啾的嘶鸣。蹄声渐近，纷杂急促。

你看向马鸣的方向。冲破烟尘而出的，是几匹紫燕宝马。那马身姿雄健，瞳色金黄。黑色的鬃毛随风飘扬，威武帅气。马上是皆身着珠袍锦带，目光坚毅的侠客，其中就有昨日那位少年。

"吁——"

侠客们在你面前停了下来，为首的翻身下马，向你一拱手。

"李兄来得甚早。事不宜迟，不如我们先来比过？"

这就开始了？你看着他粗糙的虎口和铮亮的宝剑，勉强挤出一个微笑。

"那，那来吧。"

你握住剑柄，缓缓拔出龙泉宝剑。

正当你以为自己要丢人时，那剑似乎为你注入了某种肢体记忆，带着你的手摆出了起势。你腕间轻转，薄如蝉翼的剑身闪着精光。

"请教了。"他话音刚落，便持剑踏风而起。银剑如吐信白蛇，带着凌厉之势向你逼来。你右脚后撤，微微侧身，轻巧地躲闪了过去。而后抬臂一个反手，游龙般刺破了他的衣角。

洛阳城下，你们剑影闪烁。利刃的琮铮声此起彼伏，斩尽秋风肃杀。

你走马如飞，剑花顺时针绽开。只听"锵"的一声，他手中的剑竟被你挑开，掉落在地。

而你手腕一抖，将自己的剑掷入空中十丈，而后手执剑鞘。几秒钟后，那剑从天而落，直直落入剑鞘中，丝毫不差。

半晌后，剑客们才回过神来，纷纷鼓掌。你刚才最后的这一招，正是裴旻的绝技。你虽不及他的掷剑入云，但也十分了得。

你转身望向旭日，开口吟诵道：

"紫燕黄金瞳，啾啾摇绿鬃。平明相驰逐，结客洛门东。"

"少年学剑术，凌轹白猿公。珠袍曳锦带，匕首插吴鸿。"

话毕，你握着剑，也回过神来。

方才弄剑吟诗的明明是你，却又仿佛不是你。你只觉此刻自己胸中莫名荡起一股豪气，有种气凌霄汉，睥睨天下的感觉。

这时众侠客拥住你，建议同去酒楼喝杯新丰，再乘兴比试几招。

你想了想，选择_____

既然李白都选择了喝酒解忧，你自然也是选择继续喝啊。

你捡起酒壶，不顾小儿的嬉笑，坐到篱笆旁继续痛饮起来。

醉眼蒙眬中，你似乎看到你正笑着坐在马上，口唱《落梅花》，车旁还挂着一壶美酒，正在一派凤笙龙管中出游行乐。

你突然感到一阵无比的畅快和自由。

做了高官有何用？岘山上晋朝羊公的堕泪碑有何用？楚襄王的云雨之梦又有何用？

一切皆虚，唯有拿着酒杯，在此刻自由享受自然赠予的清风美景，才现实又快乐。

你感觉自己似乎与李白融为了一体，正在想其所想，感其所感。

在路人诧异的眼神中，你举起酒壶，遥遥敬向西沉的斜阳。

"落日欲没岘山西，倒著接䍦花下迷。襄阳小儿齐拍手，拦街争唱白铜鞮。旁人借问笑何事，笑杀山翁[1]醉似泥。

鸬鹚杓，鹦鹉杯。百年三万六千日，一日须倾三百杯。"

夕阳给你的发须镀上了一层浓金色。

你眯起眼睛，对着落日碰杯独酌。

"喏，送你。"

"《襄阳歌》。"

达成结局：大梦襄阳

你还是没有说。因为你恍然明白你什么都不必说。

太白的身影渐行渐远，最后融入那片洁白，消失不见了。

---

[1]《全唐诗》校：一作"山公"。

而现实中你由于睡姿不佳，从凉椅上掉下来摔醒了。

窗外的天已经黑透。

你看了看手上的《李白诗集》，又抬头望向漆黑的夜空。

那颗文曲星曾用诗与剑照亮了整个盛唐。

而现在，这颗星依旧挂在天上，泛着琼浆琥珀光。

不论今夕何夕，都永不消失，永远明亮。

达成结局：星子长明

"太白！"你急急叫住了他。

李白转过身来，看向你。

你却又开始后悔这个决定了。面对这位诗仙，你语塞到憋得满脸通红，支吾了半天。

李白却一副对你要说什么了然于胸的样子，笑着示意你不必开口。而后摆了摆手，转身走入月色般的白茫茫中。

你从家里的凉椅上醒来，屋内满是酒香。

你胸口上还放着《李白诗集》。

你将书拿起来——怎么是《行路难》，睡着前看的不是这首啊……

"行路难！行路难！多歧路，今安在？

长风破浪会有时，直挂云帆济沧海！"

达成结局：与仙同语

恭喜你，
完成新手教程！

请尽早开启下一任务，
祝你好运。

粉丝打卡板

苏颋

◆ 《新唐书》：是子天才英特，少益以学，可比相如。

徐铎

◆ 《李白》：风骨神仙籍里人，诗狂酒圣且平生。

唐寅

◆ 《把酒对月歌》：今人犹歌李白诗，明月还如李白时。我学李白对明月，白与明月安能知！

苏轼

◆《书黄子思诗集后》：而李太白、杜子美，以英玮绝世之姿，凌跨百代，古今诗人尽废。

魏颢

◆《金陵酬李翰林谪仙子》：君抱碧海珠，我怀蓝田玉。各称希代宝，万里遥相烛。

白居易

◆《与元九书》：李之作，才矣！奇矣！人不逮矣！

孟棨

◈《本事诗》·高逸第三：贺监知章闻其名，首访之。既奇其姿，复请所为文。出《蜀道难》以示之。读未竟，称叹者数四，号为「谪仙」，解金龟换酒，与倾尽醉。期不间日，由是称誉光赫。贺又见其《乌栖曲》，叹赏苦吟曰：此诗可以泣鬼神矣。

姚勉

◈《贤八咏·李白醉酒》：殿前伸脚时，奴视高力士。群阉旁吐舌，翰林醒不醉。

叶茵

◈《李白诗百篇图》：长安市上醉如泥，旁若无人且赋诗。谁识隐然为计国，沉香亭畔脱靴时。

杜甫

◈ 《寄李十二白二十韵》：昔年有狂客，号尔谪仙人。笔落惊风雨，诗成泣鬼神。

辛弃疾

◈ 《忆李白》：当年宫殿赋昭阳，岂信人间过夜郎。明月入江依旧好，青山埋骨至今香。

韩愈

◈ 《调张籍》：李杜文章在，光焰万丈长。

萨都剌

- 《酹江月登凤凰台怀古用前韵》：天外三山，洲边一鹭，李白题诗处。锦袍安在，淋漓醉墨飞雨。

余光中

- 《寻李白》：酒入豪肠，七分酿成了月光，余下的三分啸成剑气，绣口一吐就半个盛唐。

陈亮

- 《谪仙歌》：怅望不见骑鹤来，白也如今安在哉，我生恨不与同时，死犹喜得见其诗。

王安石

- 《移松皆死》：李白今何在，桃红已索然。君看赤松子，犹自不长年。

俞国宝

- 《念奴娇》：长怪李白疏狂，骑鲸一去，千载无人逐。也解重来应尚欠，多少人间传曲。

齐己

- 《还人卷》：李白李贺遗机杼，散在人间不知处。闻君收在芙蓉江，日斗鲛人织秋浦。

大唐穿行必备指南

文／银雪、邵子岐

除了上司给你的新手教程，要想顺利完成任务，你还必须了解李白和他所处的环境，所以你参加了一个旅行团，接下来你将会以诗仙李白的身份体验一整天的大唐生活，深入了解唐代的饮食及娱乐活动。

穿越的第一站，是李白一位朋友在长安城郊的小院，正巧赶上吃早饭，主角是一碗热腾腾的汤饼。

唐代对食物的区分并不细致，但凡用面粉制成的食物，不管是蒸的、煮的、炸的、烤的，抑或长的、短的、圆的、扁的，统统称之为：饼。

而汤饼其实就是面条，到了夏季还有特色凉拌面，名曰"冷淘"，另外还有夹着羊肉的千层馅饼，美名为"古楼子"，这可是上到皇室下到平民都喜爱的国民美食。

以及裹上馅，下锅炸至金黄的糯米团，称之"焦造"，你想了想，这不就是油炸汤圆么。

嗦完面，你的好友又拿出来两个漂亮的雪梨，正好想吃点水果的你想都没想就拿起来咬了一口，却发现对方的眼神十分奇怪。

精致的唐朝人将生啃梨视为暴殄天物，正确的享用方法应该是将梨子置于炭炉小火慢烘，熟透的梨肉绵软多汁，比蜜糖还甜。这种做法也一直流传到了现代。

浊酒清酿

吃完了梨，你的鼻尖嗅到一丝酒香，顿时激动起来，堂堂酒仙的日常，怎么能少了这一口！

唐代的制酒业尚未发达，高度的蒸馏酒还没成型，大多是低度的发酵酒，不仅浑浊，而且度数偏低，相当于现代的甜酒酿，千杯不醉这种传奇，你也可以实现。

然而……你万万没想到，他们竟然管这种浑浊，上面漂浮着一层酷似霉点的绿色细末的不明液体叫酒？

此刻你终于明白了一句诗：绿蚁新醅酒，红泥小火炉。别被文雅的语句骗了，人家形容的就是眼前这碗黑暗料理。

这当然不是你的朋友招待不周，那些"绿蚁"其实是酒中的发酵物，那个年代的自酿酒都是如此。

好在经过沸煮，荧光绿渐渐变为浓白，撇去浮末后，更像是醇厚的米浆。你努力忘记刚才的心理阴影，勉强喝了一口，倒还蛮好喝，就是太甜了点。

如果奢侈一点，将浊酒沉淀沥清，就能得到清酿，清酿因产量稀少而价格高昂，另外大唐是中原与西域文化交流的巅峰时期，葡萄被大量引进，制成的葡萄酒风靡一时，不过想要喝到这些，只能等到晚上了。

风味冷饮

但你的朋友绝不会委屈你，又搬来了一种只存在于唐朝的特产饮品——酪浆，也就是经过了发酵的牛羊乳。你对此并不陌生,可不就是酸奶吗?

也可以用桃子、樱桃和杏与牛乳一起发酵,得到的桃酪、杏酪品种繁多,酸甜可口,纯天然无添加。

除了酸奶,唐人还酷爱冰激凌。早在那个朝代,冬日存冰已是常态,夏季将冰取来磨碎,浇上鲜牛乳或酪浆,点上水果,名曰"酥山"。

如果不爱牛奶,有其他选择吗?有的,鲜榨果汁了解一下,石榴、甘蔗和荔枝是最受欢迎的。

享用了甜点,满口留香的你一定不会想到,接下来,你将见证另一种黑暗料理的诞生。

看着一整套工具被抬到案上,你开始忐忑,因为唐代的煎茶,可以说是中华民族茶文化演变中,最为奇葩的存在。

现代的奶茶是用煮好的茶汤兑上鲜奶,加的是珍珠、椰果、布丁、芋圆。

人家唐茶,先将茶叶烘烤、碾磨,过筛之后二次滚水煎熟,加的是生姜、红枣、桂皮、陈皮,喜欢什么就放什么,但必不可少的,就是盐!

对了,你的好友还特地给你准备了千金难买的——胡椒!

趁热喝,冷了就不香了。

这又甜又咸,还透着股香料味的茶,着实让你……深深后悔此次的旅程,偏偏你的好友喝得正尽兴,扭头见你脸色铁青,"太白兄可是不适?"

你努力扯了扯嘴角:"我……胃疼。"

"那正好。"他又热情地给你舀上满满一碗,"多喝点,暖胃!"

当你穿越在唐朝到大街上，看到一些穿着低胸装、骑马信步在大街上的妙龄女子时，请不要惊讶，你没有看错，在唐朝，这正是贵族女子常规的服饰。

在唐代，贵族阶级与平民阶级的衣服款式差异不是很大，小姐姐们普遍都穿高腰裙和短襦，只不过贵族阶级的小姐姐们比平民女子多了些许的特权，比如可以选择贵重的绫纱锦缎、红紫颜色的面料，佩戴闪亮亮的金银首饰，而平民阶级的小姐姐们只能穿着麻，颜色也以青黑为主。

若是小姐姐们想出门，还需要戴一种叫幂篱的帽子，形状类似现在的太阳帽，只不过比起太阳帽，幂篱有很宽的帽檐，在帽檐处垂下长长的三纱罗，将全身罩住，在脸部开一椭圆形的孔，只露出面部。到了唐高宗时期，纱的长度大幅度缩短，身体可以露出来了，名字也由幂篱改成了帷帽。而在唐玄宗时期，小姐姐们便没了这么多束缚，可以随意穿着低胸装、骑马信步在大街上，又或者穿上男装出门。

至于唐朝的小哥哥们都穿什么衣裳呢？

先说头上，隋唐时兴起一阵乌纱风，无论贵庶都要带乌纱帽，用帽子上玉石的多少来区别身份等级的大小。除了乌纱，还流行带一种叫幞头的头巾。

而唐代日常男装中为我们所熟知的圆领袍衫，搭配幞头、圆领袍衫、革带和长靿靴，用以颜色区分品阶，如三品以上服紫，四品五品是绿色，八品九品为青色。

李白望月时穿着的那身服饰，便是圆领袍衫，戴幞头。

这是夏季的装扮，那冬天呢？

要知道在唐代，中原地区是没有棉花的，要想穿棉衣得去西域。那么唐代人是怎么度过寒冷的冬天呢？

答案很简单——穿皮草。唐代人的冬衣主要以羊皮为主，贴身的内衣由麻布制成，如果家庭条件好一些，大概会用丝绸做底，外面再套上羊皮做的外衣，然后还要穿上一件叫做褐的绸布外衣，把那些毛茸茸的羊毛罩住之后就可以大大方方出门去了。

了解完唐朝的民风、文化,你也饿了,该去吃点东西了。

在当时,一斗米(6000 毫升)10 文钱,一斤牛肉 50 文钱,一枚鸡蛋则是 0.3 文钱。根据换算,唐朝一文钱的购买力相当于如今人民币的 5 角钱,你摸了摸兜,带的钱似乎不够接下来在长安的生活费,怎么办呢?找个工作吧[1]。

找个什么样的工作呢?不妨参考一下李白。

李白来长安找工作时,在翰林院就职,翰林院最主要的工作是给皇帝写写诗文,那么李白每个月的月薪大概是多少呢?

翰林院供奉的月薪相当于长安城的八品官,基本工资约为 1300 文钱,餐补 300 文钱,其他补助 250 文,还有全勤补贴每月 625 文,将这些补贴加起来总共 2475 文,换算一下大约等于如今的 1300 元人民币[2]。

这就是李白每个月的工资。

这个钱……似乎不足以支撑他斗酒十千、游山玩水啊!

难道这些瑰丽的诗文,都是李白喝醉了想象出来的吗?并不是呀。

其实李白除了每月领工资之外,还有其他的收入来源,比如说赏赐。李白常年给皇帝和贵妃写诗,比如那三首著名的《清平调》,如此诗作呈到御前,如何不引来龙心大悦,除了唐玄宗的赏赐,杨贵妃也会给予赏赐,或者黄金或者丝绸,终归是不会让李白空手而归。

比如天宝三年,李白被赐金放还,在《行路难》中李白更是用"金樽""玉盘"来盛美食,可见他生活并不困苦。

而在唐朝,稿费是士大夫等文人一项优渥的收入来源,举个例子,比如唐朝诗

---

[1] 王仲荦《金泥玉屑丛考》。
[2] 陈明光《唐代财政史新编》。

人白居易，在元稹去世后，为其撰写墓志铭，元稹的儿子不惜拿出60万文钱给他作为稿费[1]。而李白的名气丝毫不逊色于白居易，找李白写墓志铭、碑文的人应该大有人在，在现存的《李白全集》中可以考据出，李白有大量的墓志铭流传于世，足以见得这对于李白来说是一项很大的收入来源了。

可见除了要有稳定的工作收入外，还要有足够的才华，才能在长安城恣意地生活下去啊。

就在你想要提前结束穿越时，你这热心的好友看了看天色："走，咱们去平康坊转转。"

你立马来了精神，大唐子民丰富的夜生活终于在向你招手了！

但唐朝的夜间娱乐有着严格规定，每日太阳落山后便实行宵禁，平民不允许上街，但可在坊内随意活动，坊相当于小区，内里基础设施一应俱全，想要逛街抑或喝点小酒都是可以的，所以宵禁从来不会影响人们的热情。

而你们的目标，正是鼎鼎大名的平康坊。

赶在坊门关闭之前，你们终于到达，入目的景象瞬间治愈了你的胃痛。

这里是长安城的娱乐中心，有胡姬酒肆，有琵琶笙歌，千金一樽的清酒算什么，来自波斯的宝石也不过是点缀。它集中展现着大唐最为繁盛的风采，和唐人最浪漫的情怀，入夜后的平康坊，就是全世界的中心！

没错，你是为了领略盛世，才不是为了看漂亮小姐姐。

平康坊里确实有一位传奇的都知娘子，她的才学甚至能与你平起平坐，琴棋书画样样精通，实乃大唐女子的楷模。她仰慕你的才情，今日特地前来助兴。

---

[1] 洪迈《容斋续笔》卷六。

既然大家都是文化人，那自然得玩点高级游戏，对诗不在话下，最厉害的还是"席纠"。

席纠是什么呢？简单来说就是高配版的行酒令，四书五经、俚语古文，字得对得准，韵得对得齐，想要玩得有水平可不是容易事。

唉，文人的夜场蹦迪，就是这么的才华横溢……且枯燥。

可问题在于你是个穿越的，李太白的水平你压根没有啊，眼见你的文豪人设即将崩塌，穿越一日游也掐着点结束。

重回现代，穿越旅行社的工作人员前来热情询问你："请问此次大唐之旅，您还满意吗？"

长歌吟松风

CHANG GE YIN SONG

第一单元

昨夜星辰恰似你

文/清夜月

那是个天色如洗的清晨。

有人佩剑携酒,悄然入山。

正逢春日,戴天山的桃花开了满山,轻粉如迎,深碧如晤。

提着酒的年轻人一路走一路看,足下山林渐深,他耳边忽闻簌簌之声,转头去时,撞见一头野鹿乌亮的眼。

野鹿似是久未见生人,一时愣住了,湿漉漉的眼睛望着他,仿佛在想这用两条腿走路的怪物是什么。年轻人忍不住笑起来,扣起手指在唇边打了个呼哨,那鹿猛然惊醒,撒开四蹄往林中逃去了。

年轻人不禁笑得更开心,甚至追着那鹿跟了一阵才停步——他这一追,便入林更深,高大的树木遮天盖地,似是将尘世间的杂音都隔绝在外,一片空静清明。

他又玩了一会儿,才想起自己今日入山所为何事,匆匆地往山中去了。

但还是没来得及。

道观大门紧锁，住在里面的道士又不知所终了。

年轻人瞪了那门好久，才长叹一口气，撩开衣摆在松下席地而坐，酣畅淋漓地将自己带来的秋露白喝了个干净。

乘兴而来，兴尽而眠。他趁着酒意，在树下昏沉地睡去了，这一觉睡得十分舒服，醒来月色已落了满身。

年轻人在松下看自己的影子，忽地足尖一点，腾空而起，折了枝头最高的那枝青松，以松为笔，以泥为纸。

犬吠水声中，桃花带露浓。

树深时见鹿，溪午不闻钟。

野竹分青霭，飞泉挂碧峰。

无人知所去，愁倚两三松！

写完这一首五律，年轻人哈哈大笑，随手将松枝掷入泥中，拎着空了的酒坛，踏月而去了。

那一年李白十八岁，隐居在戴天山大明寺读书。正值年少的他意气风发，性爱自然，结交了不少方外尘中的好友，这戴天山观中的道士，便是其中之一。

但这世上，无人永是少年。唐开元十三年，李白兴发"莫怪无心恋清境，已将书剑许明时"之语，仗剑去国，离蜀远游。

他的目的地是天月如镜，山水清明的金陵。

这一路走来其实并不顺利。在烟花软语的扬州，也许是因为水土不服，李白大病一场，直至深冬才继续踏上旅途。他来到金陵城，独登西楼，远见高天明月，胸中豪气激荡，忽忆古人。

金陵夜寂凉风发，独上高楼望吴越。

白云映水摇空城，白露垂珠滴秋月。

月下沉吟久不归，古来相接眼中稀。

解道澄江净如练，令人长忆谢玄晖。

谢玄晖，就是谢朓，那个写了"余霞散成绮，澄江静如练"的小谢。天生才气的李白眼高于顶，但却一直对谢朓情有独钟，这不是他第一次在他的诗里提到谢朓，也不是最后一次。很久很久之后，他在宣州谢朓楼会友，写下了那篇名传千古的《宣州谢朓楼饯别校书叔云》，诗里也说"蓬莱文章建安骨，中间小谢又清发"。像这样与谢朓相关的诗还有很多很多，也难怪几百年后，还有人写诗赞叹，说他"白纻青山魂魄在，一生低首谢宣城"。若是谢朓有知，这两位天生灵秀之人，也是一段隔世佳话了。

离开金陵之后，李白周游各地，北至广漠，南穷苍梧，这期间他的脚步未停，笔也没停，脍炙人口的《长干行》便作于此时。

郎骑竹马来，绕床弄青梅。

同居长干里，两小无嫌猜。

那是李白一生最为无忧无虑，纵情任性的岁月。

但命运之手永不停歇地推动着时光的指针。唐开元十八年，李白三十岁，欲入朝为官，却四处碰壁。那些锦绣辞章金声玉笔为他带来了天下盛名，却不能让他在碌碌扰扰的朝堂上有一席之地。此时仗剑行游的少年已老，他穷困潦倒，顿于长安。

那之后，他又起落数年，亦曾回山间隐居，也有献诗自荐，但总是所愿难偿。

直到唐天宝元年，他的人生才迎来转机。

由于玉真公主和宰相贺知章接连推荐，玄宗终于细读了李白的诗。他倾慕这天上谪仙的才学，召李白进宫，"以七宝床赐食于前，亲手调羹"，并令其供奉翰林，陪侍御前。

唐玄宗很看重他。

准确地说，是看重他的才学，不是那种经天纬地、治国论民的大才，而是把他当作一只鹦鹉，或是一只黄鹂，命他写诗作乐。

那首《清平调》便作于此时。

云想衣裳花想容，春风拂槛露华浓。
若非群玉山头见，会向瑶台月下逢。
……
一枝红艳露凝香，云雨巫山枉断肠。
借问汉宫谁得似，可怜飞燕倚新妆。

但有大才之人，谁甘心被人奉于掌中，调戏玩弄？

十数年磋磨，非但没有磨平仗剑少年的棱角，反而令他更张扬肆意。李白眼见着皇帝只把他当作写诗颂德的玩物，原本的心气也渐渐转了调子。他日日与人饮酒，长安酒楼的花旗上处处有他的墨痕，酒至酣时，帝诏亦不往。有一次，他醉中为玄宗起草诏书，洋洋洒洒满纸云烟。文尽落笔，他竟乘兴招呼玄宗的近侍，一人之下万人之上、地位超然的高力士为他脱靴。

高力士笑着照做了。

而没过多久，李白因其狂言诞行，被群起弹劾。玄宗虽爱其才，却也不愿多生变乱，遂赐金放还。

这两件事之间究竟有没有关系？

李白不知道，他只要尽兴就好。

也是在这次赐金放还之后，李白结识了那位未来与他并称的挚友。

东都洛阳，牡丹花开，艳名可动天下。

便是在此处，他遇见了杜甫。

两人一见如故，数次相邀同游，但天下宴席，终有尽时。那年深秋，杜甫西去长安，李白再游江东，分手之刻，李白是这样写的：

醉别复几日，登临遍池台。

何时石门路，重有金樽开。

秋波落泗水，海色明徂徕。

飞蓬各自远，且尽手中杯。

这不是他们写给彼此的最后一首诗，但这是这对挚友的最后一次见面。

唐天宝十四年，安史之乱爆发，李白携家人自梁园经洛阳西上华山；唐天宝十五年，他听闻家国沦陷，胸中豪情又起，自华山南下宣城。

但此时，他已经五十六岁，不再是当年仗剑去国，持酒遨游的少年了。

他自己似是也有所感，在那时所作的《扶风豪士歌》中这样写道：

原尝春陵六国时，开心写意君所知。

堂中各有三千士，明日报恩知是谁？

抚长剑，一扬眉，清水白石何离离。

脱吾帽，向君笑。饮君酒，为君吟。

张良未逐赤松去，桥边黄石知我心。

好在这一次，他一片赤心未付沟渠，永王李璘赏识他的才学，奉他为座上宾。但李璘才高气傲，行止不羁，乃至率军东巡时，以自己是奉父皇唐玄宗之命的理由，拒绝了李亨让其回蜀地的要求。彼时唐肃宗李亨惧其声势，顺水推舟派兵镇压，李璘于乱军之中被杀。

作为他幕僚的李白，也被连坐下狱。

指尖笔下搅动风云、御奔遨游的谪仙落入人世，饱尝世态冷暖，气愤世俗，感怀旧恩，诗中亦有壮烈愤慨之气。

他为自己不甘，为丧命的永王李璘不平。

主将动谗疑，王师忽离叛。

自来白沙上，鼓噪丹阳岸。

宾御如浮云，从风各消散。

后来，他的妻子宗夫人四处为他奔走，又有赏识他才学的宋若思、崔涣对他大力营救，李白终于离开了那个"狱户春而不草"的大狱，以随从永王的罪名，被判流放夜郎。他一路西去，又途经他年少时去过的洞庭，遇见与他同被贬谪的朋友郄昂，一时有感而发：

瑶草寒不死，移植沧江滨。

东风洒雨露，会入天地春。

予若洞庭叶，随波送逐臣。

思归未可得，书此谢情人。

天地浩浩，山水渺渺，同路之人，于此一会，转日天明便要分别。

乱世之中，天潢贵胄尚且朝不保夕，又何况是他们这种微芥之人？

他继续往西而去，离山去水，也离他年少时的那些梦愈行愈远。也许是苍天有感，不忍折磨诗仙，就在李白抵达白帝城之时，唐肃宗因关中大旱，故大赦天下，流刑以下的罪囚皆被赦免，李白亦在其列。

朝辞白帝彩云间，千里江陵一日还。

两岸猿声啼不住，轻舟已过万重山。

这首一日千里的《早发白帝城》，正是他那时欣喜若狂心境的写照。

但他真的老了。

即便人生大起大落，大喜大悲，对他来说，也不过是道途中信手而来、随笔掷去的辞章。在六十岁那年，他终于又过上了年少在戴天山读书时所向往的生活，披雾入山，乘月而行，遨游于天水之间，或歌星辰，或瞻幽人。

六十二岁那年，他回到当涂养病。

时逢盛夏，他与友人在姑孰亭聚会，虽已年老病弱，但胸中才情不减，浩浩洒洒一篇《夏日陪司马武公与群贤宴姑孰亭序》仍震惊四座。

大贤处之，若游青山、卧白云，逍遥倨傲，何适不可？

小才居之，窘而自拘，悄若桎梏，则清风朗月，河英岳秀，皆为弃物，安得称焉？

那是属于他的最后一个夏日。

世人传说，李白去前居于当涂。一日夜半，他兴致忽来，泛舟饮酒于江上，见江中明月，圆满可爱，竟伸手捞月，颠簸之下，溺于江中。

在他们心里，那个俊逸动人、浪漫旷达的诗仙，即便死，也应死于冥冥群山之间，浩浩江波之中，他可逐月而死，可摘星而逝，可乘风而去，可踏浪而归。他是这世间最光辉灿烂的一笔，理应得归其所。

但对于李白来说，他年少离家，壮志报国，流离日久，最终所望的，也不过一片心下安宁。

他病逝于族叔李阳冰的别院，临去之前，枕上授简，将自己平生所作的诗文，尽数交予李阳冰。

他生命中最后一首诗，名为《临终歌》。

大鹏飞兮振八裔，中天摧兮力不济。

余风激兮万世，游扶桑兮挂石袂。

后人得之传此，仲尼亡兮谁为出涕？

少年之时，他豪情万千，作《大鹏赋》自诩为鹏鸟，以为凭自己的才气英气，可使"斗转而天动，山摇而海倾"。后来李白留驻长安，他壮志未歇，仍可作"大鹏一日同风起，扶摇直上九万里。假令风歇时下来，犹能簸却沧溟水"之语。

他一生以鹏鸟自喻，临终之时，他仍是那只扶摇万里的飞鹏。

世人所见，他坠于青云，但如他所愿，那只鹏鸟的精魂，远上九天而去了。

九天之外，也许是那年温柔春夜，桃花园中花开满树，锦绣烂漫。

年轻人与众兄弟在园中饮酒，他的酒量向来极好，至半酣时，掷杯成诗。

夫天地者，万物之逆旅也。光阴者，百代之过客也。

众人见这一句，便已声声赞叹，更有狂诞之人，已击酒成歌。

年轻人淡淡一笑，挥毫落墨，那时的他或许还不知道，他往后的一生，皆可作他此时笔端的一声叩问。

浮生若梦，为欢几何？

浮生若梦，不如醒来归去，仍作太白星辰。

李白的年度诗歌报告

文 / 古人很潮

年度形象

李太白你好，我们在一起已经56年啦！

唐神龙元年第一次遇见你，那时你刚开始背诵六甲。

截至唐上元三年，你一共读了将近30660个时辰的书，写过1010首诗歌。

有书读、有仙修、有酒喝的每一天都会有惊奇的际遇。

截至今日，你已经醉过像金秋飞叶那样多的回数了，落叶打旋，你也像落叶一样醉倒在大地的怀抱。

据不完全统计，在醉酒期间，你用掉了身边金银无数（包括朋友的，因此与你把酒言欢前你的朋友们总是会做好为你善后的准备），卖掉了宝马数匹、华裳千袭。长安城内的酒馆对你的好评率高达四星半，掉的半颗星是因为你说某些酒馆"酒不好喝"。

后经有关部门调查，这些酒馆的酒中掺假，被一一查封。

万物复苏时，你最爱《折杨柳》，
它随垂水杨柳一起到来；

叶落知秋时，你最爱《峨眉山月歌》，
它是你与秋月山风的回忆；

烁玉流金时，你最爱《夏日山中》，
它是你的夏日吟唱日常；

玉树银花时，你最爱《冬日归旧山》，
它陪你期待冬天里来访的每一位亲友。

唐开元二十四年，你把《将进酒》反复吟诵了 160 次。

岑夫子和丹丘生在当天不幸感染风寒。

相信那一天留在你们记忆里的不只是这首诗吧。

子夜，明月高悬。

唐开元十四年子时，你还在读《静夜思》。

这些年，很多个孤枕难眠的夜晚里有诗歌、明月和好酒陪你度过。

泛舟江上、饮酒高唱。这一年，你常常远行，走遍了大江南北、五湖四海。

你自金陵至广陵，又东南游苏州、杭州、越州、台州，东涉溟海，然后乘舟北上，复至扬州，后沿江西上，观云梦，寓安州北寿山。

之后你北游汝海、襄州，并在那里结识了孟浩然。

那天你们无话不谈，成为知己。

你的年度最爱诗人：

孟浩然

你的临终诗歌：

《临终歌》

大鹏飞兮振八裔，中天摧兮力不济。

余风激兮万世，游扶桑兮挂石袂。

后人得之传此，仲尼亡兮谁为出涕。

在过去的 **56** 年中，你遇到过很多喜欢的诗人，见过许多壮丽的景色，理想和天赋始终伴随在你身旁。

你为很多人写过诗，也有很多人为你写诗。

而诗歌里的每一个人，都是你人生的一部分。

隐藏任务：寻找李白

文〈载酒行舟

已完成

请先完成上一任务

点击进入任务

人物ID：我与太白碰杯盏　　主要目标：寻找李白的踪迹

进入时间：唐玄宗天宝元年　　附带技能：艺术属性+5，智力属性+5

注意事项：虽然穿越者的行为不会对历史造成影响，但还是请勿OOC（out of character）。

你可凭【成就卡】登出世界，【成就卡】为特殊道具，通过你的行为触发机制获得。

正在为您载入世界……

1

你没想过非洲人竟然也有被抽中执行隐藏任务的一天，就像你没想过你有一天会真的来到大唐。

将你送来的时候说，为了完成任务你可以自由行动。只要你不搞出改变历史的大事件，历史就会自我修正。

你本觉得时空事务所实在深谋远虑，但没想到他们只给你安排了身份，除此之外，你一无所有。

你脱非入欧的第一件事就是养家糊口，虽然家中只有你一口。

作为一名成绩还算优秀的美术生，你很快在长安闯出了一片好名声。虽然绘画方式与时下不同，但你相当写实的素描技巧还是很受此地士绅的青睐。

很快你吸引了达官权贵的注意，甚至有人欲将你引荐入宫，在引荐之前先来询问了你的意见。

你觉得：

A

伴君如伴虎，如果进宫我可能会失去性命，还是不必了。

跳转2

B

做供奉翰林，入宫做李白未来的同事它不香吗？

跳转3

隐藏任务：寻找李白

2

"学成文武艺，货与帝王家"虽然是这个时代大多数人的愿望，但你并不完全属于这个时代，故而你委婉地拒绝了对方的提议。

没想到因为这次拒绝，你在文人圈子的名声突然好了起来。

文人实在是一个很矛盾的群体，他们普遍希望做官，又欣赏不肯做官的人。

你不慕名利的名声因为这次拒绝传扬开来，故而你卖画的小店门庭若市，在短期内扩建了两次，有些文人墨客甚至将自己的字画寄放在你这里售卖。

你万万没想到来到大唐以后竟发展出事业线，在陌生的古代开了一个小型诗画沙龙。

你的沙龙表面上是在卖画，实则逐渐成为文人骚客交流诗文字画、圣人之言和八卦的场所。

而你每每作画时，都要偷偷竖起一只耳朵听他们谈论八卦，从这位举子科举考了三次都没考中到那位诗人琢磨诗文时不小心撞到树上，再到李白将要入京的消息。

李白将要入京，你听到这关键词时精神一振，晓得自己的机会来了。

你打算：

A

经过这么久的经营，你这里起码也算是个网红店，兴许李白会来看看呢。

跳转12

B

守株待兔不如主动出击，主动吸引李白的目光。

跳转4

3

天宝元年，李白奉诏入宫朝见。

这是你来到这个时代的第一年，奔着李白而来的你还没来得及见正主，就已经几乎要被烦琐的公务折腾成一个社畜。

你没想过翰林学士这个像在进修镀金的活儿竟然是个兼职，也没想到翰林待诏这个像是临时工的岗位才是真正的全职工作。

还是二十四小时待命的那种。

圣人在玩乐上很有一套，但因唐朝搞不到相机拍照，只能随时 call 你这位拿着画笔的人肉照相机，将他的每一个快乐瞬间都画下来。

要尊贵的皇帝陛下站着不动做模特是不可能的，你只能靠自己的记忆力记下点点滴滴，然后每日回去加班加点，以求不因渎职被治罪。

翰林画待诏，真正的打工人。

画完第七张皇帝赏花图后，你觉得心力交瘁。此时你派去收集大唐名流相关资讯的小厮却狂奔而至，为你送上近期的大唐热议话题。

热议第一名，李白入宫。

你抚掌大笑，来到这个时代一年之后，你终于从李白的无名粉丝，升级成了李白的同事。

你心想：

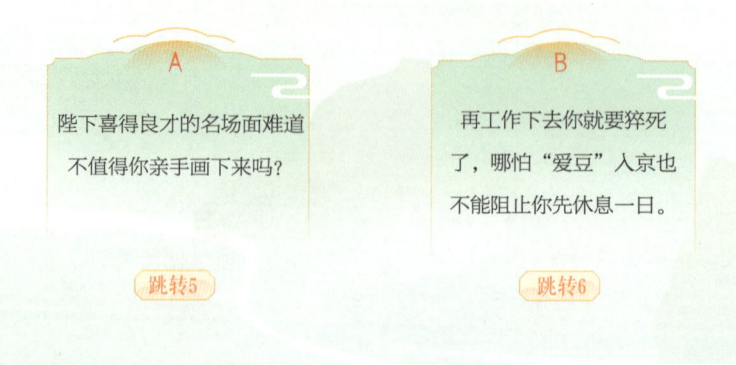

A
陛下喜得良才的名场面难道不值得你亲手画下来吗？

跳转5

B
再工作下去你就要猝死了，哪怕"爱豆"入京也不能阻止你先休息一日。

跳转6

4

你知道李白可能会错过诗文画卷，但绝对不会错过好酒。

自从知道李白将要入京的消息之后，你就走访了京城每一家评分在七分以上的酒楼，买通了酒楼里每一个服务态度热情的小二，让他们看到李白时赶紧找人来通知你。

李白在文人阶层中知名度虽高，但尚未辐射到市井之中，小二又未真正见过李白，只能从你的描述中推测。

故而你一个月被小二叫到酒楼十余次，见了十来个各有千秋的醉酒狂生，却没能见到李白，甚至因为你在京中小有名气，有几位狂生认出了你。

背负着沙龙组织者的偶像包袱，你只能故作大方地为他们买单。

这日你又看到了小二派来通知你的熟面孔。

你觉得：

A	B
反正闲着也是闲着，就去呗。	十多次都不是，这次八成也不是。
跳转7	跳转12

5

天大地大不如哥哥在你心中的分量大，莫说只赶了七张稿子，哪怕再有七张，也不能阻止你去现场给李白打 call。

你怎么舍得错过此等名场面。

隐藏任务：寻找李白

你当即换好衣服入宫，准备一睹诗仙的真容。

但因你得到的是二手消息，你入宫时已经错过了著名的"七宝床赐食"和"亲手调羹"，只能退而求其次，到翰林院守株待李白。

但你没能等来李白，李白奉诏朝觐陛下后径自出宫，在长安市里寻了一处酒家，大醉一场。

你叹一口气，这其实在你意料之中，李白什么时候离开酒，他也就不是李白了。

同样在你意料之中的是，没有领导会放过一个主动上班的社畜。

你选择：

A
拒绝不行，但可以和同事换班啊。

跳转8

B
接就完事儿了，卑微乙方没有拒绝工作的权力。

跳转9

6

李白起码还要在京城待个两年，这两年里你作为同事什么时候自己想见他都可以去拜访，但你如果因为过劳而猝死，那就没什么机会了。

你当然不会愿意丢了西瓜捡芝麻，于是在家中昏天黑地睡了整整一日。

你醒来时，已经是第二日一早，腹中早已饥肠辘辘，为了尽快填饱肚子，你去了附近风评最好的酒楼吃面。

因你不会做饭又没有雇佣人，这家店的掌柜是的你熟人，为你送餐时意有所指地给你讲最新的八卦："隔壁酒楼来了个吃霸王餐的，喝酒不带钱，硬要给老板写诗做抵押。"

长安城天子脚下，每年都要发生几起书生以诗画偿酒钱的事件，你刚来到这里时还积极为这些书生付钱，以期遇到刚好喝酒没带钱的李白。

直到你冤大头的名号响彻京城后，诗画偿债事件的发生频率就高到几乎每天一次。

听罢掌柜的描述，你心道：

A
谁知道又是哪个没带钱的书生等着敲我竹杠，算了。

跳转7

B
宁可付错也不可错过，万一这次真的是李白呢？

跳转10

7

你吃一堑长一智，并不想为隔壁食客的精准诈骗行为负责，虽然在对方看来这是一个愿打一个愿挨，但你作为受害者，感情确实受到欺骗。

掌柜见你无心掺和，拍了拍你的肩膀，颇有些欣慰地说道："可算是长点心眼了。"

你也并非不看重钱财，只是这些钱对你来说只是虚拟货币，当花则花，并不心疼。而今李白已经入了翰林院，想见面总有机会，这种氪金行为就没那么必要了。

正当你反复考虑明日见了李白该如何表现才能显得不落俗套时，忽然听得隔壁传来酒楼一阵喧闹声。

你一心吃面，耳朵却自动捕捉到酒楼谈话中传来的关键字，诸如"李白""青莲""写诗"云云。

你出门欲搞明白发生什么事时心想：给别的书生付了那么多次账，一次都没见过李白，只有这一次例外，不会刚好这么惨吧。

隔壁酒楼食客谈论的话题和李白飘然而去的背影无不明晃晃地告诉你：是的，非洲人就是这么惨。

你觉得：

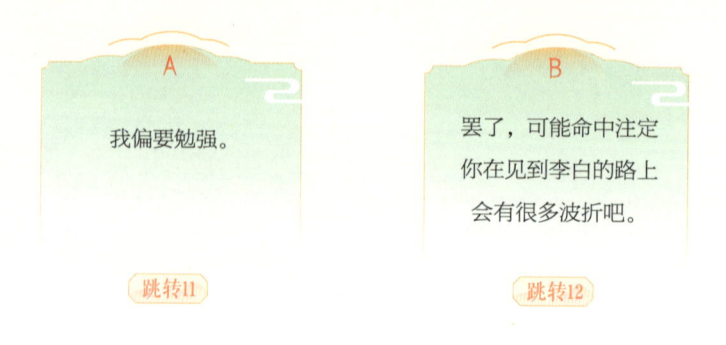

A 我偏要勉强。

跳转11

B 罢了，可能命中注定你在见到李白的路上会有很多波折吧。

跳转12

8

你真的不想再画所谓的帝妃赏花图了，你已经一滴墨水都没了。

因这一年你在翰林院的人缘尚可，有同事愿意替你画几幅牡丹图，条件是这一旬你须完成你和他两人的工作。

你欣然同意。

你做完手头的工作时夜色已深，翰林院除值夜的侍人之外再无其他人。回家的路上无灯却明朗，你走过新铺设的石路，月光如水落在其上。

路过避暑的凉亭时，你遇到李白，诗人抱着酒坛坐在亭中石凳上，长发披散，低头喃喃呓语。

忽而又抬头，举酒坛对月，清冽的酒水从坛口流泻而下，灌入诗人的喉咙。

你安静地站了片刻，并未惊扰诗人的独醉。只是踩着月光离去时，你忍不住想：今晚月色真美。

获得成就卡
共看明月皆如此

9

真的社畜，敢于直面枯燥的项目，敢于正视惨淡的业务。

哪怕自你来到这个世界起，玄宗和他亲爱的贵妃就在以各种姿势在各种不同的地点赏各种不同的花，你也带着服务行业的标准微笑，拿起画笔，准备再画一幅帝妃赏牡丹图。

然后再画一幅，再画一幅，再画一幅。

只是你这次拿起画笔后，发现情况仿佛有些不太一样。

伶人正欲奏乐起舞，为帝妃二人表演助兴时，玄宗皇帝叫停了音乐，说道："赏名花，对妃子，焉用旧乐词？"

"召李白入宫。"

嚯。

你心中感叹，这是遇上名场面了。

李白奉诏入宫时仍有宿醉未醒，周遭人皆提心吊胆，唯恐这位诗人惹了圣上不痛快。

唯有两人气定神闲。

一个是李白，他因为自己才高八斗而胸有成竹。

另一个是你，因为你从后世而来，早被剧透了。

没有你想象得那么写意风流，李白只是像往常一样简单地铺开金花笺，略略思索，便将三首《清平调》写在笺上。

千古名篇跃然纸上。

后世传颂许久的诗，对他而言也只是寻常工作而已。

你自忖见过许多大场面，却不免为这样普通的场景惊心动魄起来。

此时此地，李白的酒仍未全醒。

获得成就卡

待诏归来仍半醉

10

虽然你一开始被当作冤大头,但因你明确表明过自己不会再为此类事件买单后,这种诈骗事件便少了很多。你继续思忖道:昨天李白刚进京,今天就发生了这样的事情,其中想必有所联系。

想到此处你当即往隔壁酒楼而去。

欲以诗文换酒的食客还未离开,双方都不肯让步,店家见你这位冤大头出现,当即带着笑意迎上来:"这位书生的酒钱,您也要付了吗?"

你见那位食客眸子迥然,风流蕴藉,又有仙风道骨,觉得对方哪怕不是李白也无妨。何况你来都来了,这个身份的钱财对你也无实际意义,便应承下来。

对方拱手道:"在下李白,多谢兄台解围。"

嚯,你心想,可算是搞到真的了。

店家也觉震惊,他未想过这个一开始不肯透露姓名的书生就是最近名动京城的李白,顿时悔不当初。以李白现在的名声,得到他一首诗可比要回这一顿饭的酒债有意义多了。

"这位客官点的都是小店最好的酒。"小二上前道,"您付的银两恐怕还不够。"

但那已经是你身上全部的银两,你与李白对视一眼,大笑起来。

"这诗恐怕还得写。"

获得成就卡
妙笔文章换酒钱

11

追到岸边时,李白已经在船上。手中拿个酒杯,很有几分醉态,听得有人唤他的名字,便目光蒙眬往江边寻找。

你跳起来对李白挥手,激动得仿佛一个来了"爱豆"演唱会的歌迷。他也确实是你的"爱豆"。

注意到你过于活泼的举动,李白失笑,举起酒杯遥遥一敬。
你将手摆出拿着杯子的样子,也回敬了他一下。

获得成就卡
李白乘舟将欲行

可恶!你对着成就卡愤愤地想道:我又不是汪伦。

12

由于态度过于懒散消极,你错过了遇到李白的机会。

获得成就卡
从此青莲是路人

可恶!你心道:事已至此,又何必恭喜?

饮中八仙歌

文/明戈

知章骑马似乘船，眼花落井水底眠。

汝阳三斗始朝天，道逢麹车口流涎，恨不移封向酒泉。

左相日兴费万钱，饮如长鲸吸百川，衔杯乐圣称避贤。

宗之潇洒美少年，举觞白眼望青天，皎如玉树临风前。

苏晋长斋绣佛前，醉中往往爱逃禅。

李白斗酒诗百篇，长安市上酒家眠，

天子呼来不上船，自称臣是酒中仙。

张旭三杯草圣传，脱帽露顶王公前，挥毫落纸如云烟。

焦遂五斗方卓然，高谈雄辩惊四筵。

八位酒仙中，排名第一的是"四明狂客"贺知章。因为数他资历最老，年纪最长，杜甫便将其放到了第一位。

这位酒仙老大哥贺知章具体有多爱喝酒呢？

有一次他去紫极宫，见到了风度翩翩、器宇不凡的李白。二人立刻相见恨晚，交谈甚欢。如此投机，漫漫长夜里光聊怎么能行呢？

贺知章一拍大腿——得喝酒！

待叫来了店小二，问题来了，两人竟然都没带钱，而贺知章身上唯一一个值钱的物件便是一个金龟配饰。这金龟乃是纯金铸造，是身份的象征。贺知章竟一点没犹豫，直接解下来递给小二，让他立刻上酒。

贺知章喝酒除了豁得出去钱，还豁得出去命。

一次他和朋友喝了个通宵，驾马回家的时候，醉倒在马鞍上坐都坐不稳了。他醉眼蒙眬，骑马也摇摇晃晃。

酒驾的贺知章还没骑出去多远，便路过一口井。马很矫健，一个抬蹄迈过去了。贺知章很迷糊，一个侧身掉进去了。

正常人就算喝多，一盆冷水浇下来也能醒个七七八八。可贺知章由于喝得实在太多，掉进井里后，不仅没醒酒，反而睡着了。万幸的是井水不深，所以也没什么大碍，否则真是司机一杯酒，亲人两行泪。

二仙是汝阳王李琎。他虽然资历不及贺知章老，但地位极高，是唐玄宗的亲侄子，杜甫曾写诗形容他的受宠程度。

> 往者开元中，主恩视遇频。
> 出入独非时，礼异见群臣。
> 爱其谨洁极，倍此骨肉亲。

正是由于他极其受宠，他才敢做出旁人想都不敢想的事。比如其他的人臣上朝，皆是战战兢兢，如履薄冰，生怕一不留神说错话惹了圣怒。

李琎倒好，不仅不在乎这个，更是出门前海饮三斗，醉得晕晕乎乎后才前去上朝拜见天子。他当然不是恃宠故意找事，而是单纯因为酒瘾来了没忍住。

后来李琎终于不再酒后上朝了，但是又琢磨起搬家来了。因为他属于皇亲国戚，皇上赐给了他很大的一处封地。这天李琎在路上与一辆马车擦肩而过，车中飘出阵阵美酒香气，李琎竟当场止住脚步，垂涎三尺，飘飘然醉了起来，幻想自己如果不住这片地，而是在"城下有金泉，泉味如酒"的酒泉，那岂不是太爽了？于是他立刻动起了"移封"的念头。

虽说他后来倒是没真的搬家，不过作为一名王爷，竟为了一阵酒香而有移封之念，也真称得上是一位酒痴。

三仙是李适之。李适之业务能力相当了得，曾成功抵御过谷水和洛水水患，后被封为左丞相，兼任弘文馆学士、兵部尚书，授上柱国、光禄大夫，封渭源县开国公。

别看他身兼数职，一副人生使命是为国加班的样子，实际其最大的爱好是——开派对。

没错，李适之就喜欢请一大堆朋友来自己家轰趴(home party)，还不用别人花一分钱。一到晚上，李府可谓是海量美酒无限畅饮。

其中最能喝的就是李适之。

夸张点形容，那便是宛如一条鲸鱼，张口间吸入百川之水。其饮酒量之多，让朋友们不得不怀疑，他是不是不想让别人喝自己家的酒。

不过他日散万钱的潇洒日子没过多久，就被李林甫排挤到罢相了。

罢相后，他办的派对的规模径直降为与三两亲友会饮。来人虽少，李适之的酒量却是不减。而且喝多了的他还写诗："避贤初罢相，乐圣且衔杯，为问门前客，今朝几个来？"

看似是说酒，实际讽刺官场黑暗——既然圣意如此，那我便为"贤士"让路，回家喝我的酒去吧！

四仙崔宗之是宰相崔日用之子，袭封齐国公，虽地位不及前三位，但也是个潇洒名士。

他虽为唐人，风姿却较像魏晋人士。加上他最大的偶像是竹林七贤之一的阮籍，所以举手投足间更是处处带着一种横决礼俗、离经叛道的意味。

就是这样一个悖逆狂人，长得却是眉清目秀、英俊潇洒。

一日，崔宗之孑然一身在月下独酌，酒水沿颈间洒下，濡湿了胸前衣襟。饮到兴处，他记起阮籍不喜说话，而是以眼色表示喜怒。又想到荒唐世间，于是昂首用白眼望天，睥睨周遭一切。三两个时辰后，崔宗之醉酒不能自持，身姿微微摇晃。清冷月光下，夜风吹来，崔宗之玉树临风，宛若酒仙。

后来崔宗之被贬，还曾与李白泛舟直下，自采石达金陵游玩。

"尝月夜乘舟，自采石达金陵，白衣宫锦袍，于舟中顾瞻笑傲，旁若无人。"

扁舟上，二人身着白色锦袍饮酒作诗，高谈阔论，怒骂贪官污吏，共叹仕途不幸。酒接连下肚，崔宗之愈发清醒，也了然自己永远无法企及父亲。既然选择肆意而活，又有何遗憾？

五仙苏晋，兖州都督苏珦之子，举进士出身，后任吏部侍郎，爱好写文章。不过后来潜心学佛，于是苏晋开始礼佛吃素，非常刻苦。

不过按道理讲，佛门有不许饮酒吃肉，过于纵情等规矩。

所以苏晋这时犯了难。

喝酒在他生命中的重要性堪比吃饭。可佛门又不让喝酒，这可怎么办？

斋与醉，酒与佛。在第一次激烈的思想斗争下，苏晋犹豫了两个时辰，终于放下悟禅，跑去喝酒了。

这种事情，有一有二，便有再三再四。

到后来，苏晋连犹豫都不犹豫了。酒瘾一上来，直接心中默念着对不起，然后一溜小跑就溜到酒馆了。

对于一个有严肃信仰的人来说，竟然能弃佛而选择饮酒，可见苏晋该有多爱喝酒了。

毕竟，总不可能是因为菩萨给他比了"OK"。

八仙里的六仙，便是大名鼎鼎的李白。

要说李白这么大的咖位怎么才排在第六呢，主要是因为《饮中八仙歌》是按照官位大小，以及从贵胄到平民的顺序排的，所以杜甫将"墙头"李白放到了六仙。世人皆知李白爱写诗，那么他有多爱喝酒呢？

"百年三万六千日，一日须倾三百杯。"

李白曾在《襄阳歌》中这样自我形容——一百年不过是三万六千日，一日我就能喝三百杯，我这一辈子喝得也不多，也就一千来万杯吧。而后来，他又在《将进酒》中再次强调了三百杯这件事："烹羊宰牛且为乐，会须一饮三百杯。"

当时距离李白被赐金放还已有八年之久，他与岑夫子、元丹丘相聚痛饮，还写下过"五花马、千金裘，呼儿将出换美酒，与尔同销万古愁"的名句。

不过话说回来，他喝酒真的就是为了消放还之愁吗？

想当年李白还在宫中时，常常接不到玄宗的旨意，因为他三天两头就跑去酒家喝酒，随后直接伏案而睡。传旨的人因此还要满长安寻他，不知累死了几个公公。而等传旨的人终于找到了他，他还不走，摆摆手闭眼道："我醉欲眠卿且去。"

后来有一次更过分。当日李白本人就在玄宗旁边，不过是他在岸上，玄宗在船上。玄宗传旨命他上船，没承想他竟直接抗旨，晃晃悠悠地边喝酒边拒绝道："不去，臣可是酒中仙。"

这番操作的潜台词就是：喝酒面前，仕途啥也不是。

如此放荡不羁的人，怎么看也不像有那么深的忧愁。实在难免让人生疑，李白的人生主要目的是不是就是为了喝酒？

对于酒，李白甚至喜欢到专门写了一首咏酒诗《月下独酌》。

天若不爱酒，酒星不在天。
地若不爱酒，地应无酒泉。

……

贤圣既已饮，何必求神仙。

三杯通大道，一斗合自然。

但得酒中趣，勿为醒者传。

一轮明月下，仙风道骨的李白连连举杯，感叹酒可真是个好东西，三盏酒便能通儒家大道，一斗酒便正合道家自然。杯中兰陵美酒，映出天上圆月。他醉眼叹道，可惜这酒中的趣味，醒者却是体会不到了。

想来，诗仙太白纸上的诗有何韵味，我们还可瞻仰一二。

可酒仙太白杯中的酒究竟是何滋味，我们永远不得而知。

七仙张旭字伯高，一字季明，是为"草圣"。

当时大唐有三绝：李白的诗歌，裴旻的舞剑，还有一个就是张旭的草书。

"善草书，好酒，每醉后，号呼狂走，索笔挥洒，变化无穷，若有神助。"

张旭不仅喜欢草书，还特喜欢喝酒。一般来说当事业与爱好产生冲突的时候，世人都会选择放弃爱好，更何况爱好还是喝酒这种看起来就不正经的东西。

张旭可就不一样了。

人家心下暗想，写字也太耽误自己喝酒了。这可如何是好，不如……把它俩合一块儿吧。

于是，醉后狂草就此诞生。

张旭每每三杯下肚，便会趁着醉意拿起笔挥墨而作。

落笔方寸间，字体奔放纵逸，狂而不怪，气势磅礴，大开大合。通篇写成后，观者都觉得张旭简直犹有神助。

张旭不仅书法狂，人也很狂。

权贵命他写篇狂草，张旭也不推诿，准备好纸墨，随后便是一声高呼："拿酒来！"

三杯下肚，张旭笔走龙蛇，奋笔疾书。写到兴起处，甚至还会当着王公大臣的面，直接摘下头顶帽子丢到一边，丝毫不把权贵的尊严与礼仪当回事。

一帖写罢，张旭伏案而醉。待众人转过头再看纸上的字，那些字浩渺如烟，舒卷如云，潇洒磊落，变幻莫测。

张旭真乃醉中酒仙，墨中草圣。

焦遂乃是八仙中唯一一个布衣。他能被列入饮中八仙，想必也有些技能。

焦遂虽无官职，但口才十分出色，而且学识渊博，同人谈论起来常常旁征博引，引人佩服。

一般来说，正常人喝多了酒，不要酒疯就不错了，更不要说有条理地演讲。

焦遂可就不一样了。他只要一喝多，作为八仙的被动技能便闪亮登场了——豪饮五斗醉，阔语口中出。

而且人家也不是装微醺，毕竟他喝的五斗可是二十斤白酒，大象都难逃一醉。

这边焦遂五斗落肚，眼神全无涣散之感，而是愈发变得炯炯有神，身姿也愈发卓然起来。

他站起身，面向众人开始高谈阔论，其惊人之语滔滔不绝，宛如天上来的高人。席间还有旁人不服，起身辩驳几句，焦遂却毫不慌乱，思路清晰地逐条反击，字字有理。

众人无一不叹服。

拥有这等绝技，凡人永远无法企及。不过也正是如此，才称得上是醉八仙啊。

饮中八仙歌

人生得意须尽欢

大唐名酒安利

文/明戈

大唐官博 V

三小时前　盛唐很不错的HUAWEI P40 Pro+ 5G

　　众所周知，我们大唐酒文化盛行，有好饮之风，光美酒就有三百多种。这些玉液琼浆各有千秋，百余年来难分伯仲。本月底便是第111届唐朝美酒文化节，我朝决定借此机会举行 #大唐美酒King# 的选拔活动，选出唐朝美酒之首。

　　欢迎诸位名酒大大们踊跃参加，带话题晒出你的优点。月底前，总榜票数第一的美酒之王会获得惊喜大奖，走上大唐外交的国际舞台，C位出道！

　　各位制作美酒的人们，动动你们的小手指，把票投起来吧~

　　转赞抽十个宝贝送琥珀杯哟（本次抽奖已备份）！

| 转发3529 | 评论1301 | 赞4298 |

暮色杜康
两小时前 大唐酒舍的最硬核机型

总感觉自己安利自己不合适，有种王婆卖瓜自卖自夸的尴尬感。

不是我古板严肃，个人感觉这个赛制就有问题，哪有自己夸自己的？不成体统。

建议主办方修改一下 @ 大唐官博。不过修改之前，我也就勉为其难地遵守赛制，安利一下自己。

先说说身世吧。我诞生于中国酒文化的摇篮——杜康村。我们村三面环山，风景秀丽，村南有条杜康河，其间有一段名为酒泉沟，中有酒泉。泉水清冽，味甜质纯。每每到了夏季，便会从中传来阵阵天然的酒香。而我便是由这酒泉酿造的。

优质的小麦，加上精选的糯高粱，配上清冽的酒泉。香泥封窖，低温入池，封存数年后，便成了浓香型白酒的我。

至于口感，我的酒味绵甜丰满，入口柔顺，回味悠长。深受名人的喜欢，更是有"贡酒""仙酒"等不值一提的名号。

比如曹操就曾赋诗："慨当以慷，忧思难忘。何以解忧，惟有杜康。"前秦赵整也在《酒德歌》中说："地列酒泉，天垂酒池，杜康妙识，仪狄先知。"

作为一款解忧届的知名白酒，我原来的性格并非如此老成。只是因为沾染了太多名家的愁绪，才变得如此深沉。

最后，拉票什么的话我也说不出口，就祝大家喜乐无忧吧。

#大唐美酒 King#

精选热评：

曹操的小跟班：杜康大大，为你打 call！低调奢华有内涵！

在下杜甫：杜酒频劳劝，张梨不外求。你票有了。

如果能重来我还当李白：爱了。

兰陵一剑

两小时前　兰陵大侠iPhone 12 Pro Max(石墨色)

最近一直在战场伴将军征战，还是粉丝圈我才知道有这么个大赛。

时间不多，我就长话短说，介绍一下自己。

在下名兰陵，年纪颇长，诞生于商代。古卜辞中的"鬯其酒"便是我最早的名字。

我的酒体呈琥珀光泽，颜色金黄，味道绵甜醇厚，香气悠长。李白曾有一次经下邳过兰陵，远远便闻见酒香馥郁，于是快马疾驰来到酒家痛饮三杯，挥笔写下："兰陵美酒郁金香，玉碗盛来琥珀光。但使主人能醉客，不知何处是他乡。"

除了味道上乘，我的成分也与其他酒大有不同。

沉香、木香、砂仁、当归、陈皮、杏仁……

如你所见，我的成分大多是药材。饮之至醉，可以不头痛，不口干，不腹泻。更能治疗心腹胀痛，温中散寒、理气止痛。

所以我除了是一款美酒，更是一款药酒。

战况紧急，后会有期。🙏🙏

#大唐美酒King# #美男超话#

精选热评：

你的杨玉环呀：你是我酒单里的Top1！我要买水军给你投票！

系统小管家：@你的杨玉环呀 公正比赛，禁止虚假打投哦。

如果能重来我还当李白：爱了。

剑南春色关不住

一小时前　剑南春独步天下iPhone XS Max(银色)

刚刚大致扫了一圈来参加比赛的酒，我只想点评四个字——不上台面。既然参赛选手都如此潦草，那我这堂堂正史记载的御酒，必须得来拉高一下比赛层次了。

本御酒产于四川省绵竹市，前身为绵竹大曲酒。因绵竹在大唐属剑南道，所以我更名为剑南春。

别看我的主要原料只是糯米、大米等，没有兰陵酒那么花里胡哨，我的用水可不一般，乃取自于名泉——玉妃泉。

泉水清澈透亮，质地纯粹。加上特殊的制作工艺，古窖发酵后，我便诞生了。味醇香，色洁白，状若清露，尝起来美妙无比。德宗皇帝因我味甚美，曾亲自与朝臣商讨"剑南烧春"进贡事宜，我也正式成为大唐官方认证的宫廷御酒。李白更是为了喝我，把自己的皮袄都卖了。

最后，请大家多多为本御酒投票！#大唐美酒King#（不投也没事，反正我上面有人）

@系统小管家 我的蓝V认证怎么还没下来，搞快点。

精选热评：

本命兰陵：@兰陵一剑 哥哥他内涵你！

剑南春色关不住：声明一下，没有瞧不起谁的意思。我只是说在座的各位，都是垃圾（包括那个王西凤）。

女王西凤
十五分钟前　微博国际版

说了多少遍了，断句是女王、西凤，王西凤是什么玩意儿。

我真是懒得和那个剑南费口舌，自从封了个御酒，人就开始疯了。姐姐我一个中国"四大名酒"都没他这么能嘚瑟。

言归正传，来说说我自己。

我又称秦酒、柳林酒，产于陕西的凤翔。凤翔可不一般，从名字就能知道，这是传说中生凤凰的地方。而我的味道，也是凤香型的代表。

清而不淡，浓而不艳。我就如同神秘莫测的凤凰般，能够集清香、浓香于一身，让人舌尖品味到两种本不该相融的芬芳。清冽醇馥，诸味协调，尾净味长，还有一股微微的水果香。因此，我被封为朝廷贡酒，并被列为珍品。

虽然我的酒体透明清澈，看似和清水无异，却是十成十的烈酒。不过好在我不上头，不干喉，喝多了也不会不舒服。

好喝不上头，快为我打投！

#大唐美酒King#

精选热评：

吏部侍郎裴行俭：前阵子我护送波斯王子回国，途中行至凤翔，发现酒香竟能将蜜蜂蝴蝶醉倒，现写诗敬上："送客亭子头，蜂醉蝶不舞，三阳开国泰，美哉柳林酒。"西凤酒最棒！

酒里乾坤：姐姐好飒！

清酒很清
十分钟前　微博视频号

#大唐美酒King#在为自己拉票前，我要先声明一下。我并非日本产物，虽说他们的国酒也叫清酒，但他们是借鉴了我国黄酒的酿造方法。

而我，绝对是纯正的中华血统。

《周礼》中："辨四饮之物，一曰清，二曰医，三曰浆，四曰酏。"这四种皆是不同的酒类。而我是由优质山泉和磁山谷粟酿造而成，酿造期间不添加任何发酵物。酿成后，我的酒液金黄通透，有的也会无色，尝起来绵柔爽口。其中酸甜苦涩辣等，诸味融合得恰到好处。

除了味道一流，我更具有食疗的作用。

我自然生成的丰富的维生素与氨基酸几乎可以百分百被人体所吸收。此外，我还有利于抵挡心脑血管疾病，并且即便饮得过量，也不会像很多酒那样使人发胖。

想喝酒又没有啤酒肚吗？找我。

想防治血栓补充营养吗？找我。

给我一分信任，还你十分健康。各位美酒制作人，Pick me！

精选热评：

在下杜甫：@如果能重来我还选李白"金樽清酒斗十千，玉盘珍羞直万钱"，白哥，你最爱的清酒来了！

如果能重来我还选李白 回复@在下杜甫：别瞎说，我全都爱。

新丰的苹果肌
新丰小可爱超话

#大唐美酒King#嗨呀，不就是一个小比赛吗，各位真是争得一点风度都没有了。我们作为名酒，本身就是潇洒与不羁的代名词，C位出道有什么用，不要太认真，随便比比就好了。

我——新丰酒，为什么如此看得开呢，这可能和我的历史有关。

当年汉高祖刘邦建立了汉朝后，尊其父为太上皇。太上皇因为在长安城中甚是思念故乡——丰里的风景，刘邦便让人依照故乡的样子修建了此城，名新丰。后来太上皇还想喝老家的酒，刘邦又将老家的酿酒匠请到这里酿酒。从此，我享誉天下。

俗话说得好，汉代的新丰，六朝的洛桑。我可是看过大世面的，此等小比赛不过尔尔。

诗人储光羲曾在《新丰主人》一诗中形容我："满酌香含北彻花，榼樽色泛南轩竹。"

由此可见我浓郁香醇，香味"含北彻花"，色泽清亮翠绿，碧透得如同南轩青竹。如果将我斟入杯内，酒体泛起白泡，便说明我十分纯正。

南北朝的梁元帝也曾写："试酌新丰酒，遥劝阳台人。"形容我味甚美，饮过便飘飘欲仙,如临阳台仙境。

最后,我也就不拉票了。

若有同道人来饮一杯新丰,足矣。

以上。

精选热评:

我是王维:新丰美酒斗十千,咸阳游侠多少年,相逢义气为君饮,系马高楼垂柳边。

大唐官博:@新丰的苹果肌 抱歉大大我们发错了,一等奖不只是C位出道哦,还有金条奖励。

新丰的苹果肌:@大唐官博 那你不早说!

新丰的苹果肌:大家投我!投我!投我!

任务一：咏唐

文明戈

已完成

请先完成上一任务

点击进入任务

人物ID： 操作员61号

主要目标： 获得李白认可，寻找李白最在意的事情

进入时间： 唐玄宗天宝四载

附带技能： 社交属性+5，智力属性+5

注意事项： 请留意李白的记忆碎片，它可能隐藏在不起眼的地方。

正在为您载入世界……

1

时空穿梭器把你带到了唐天宝四载。

这次的任务比较特殊。由于穿梭机出现了一些技术问题，你只有几个小时的时间完成任务。

睁眼后，你身处一条繁华的街市上。周围行人如织，商铺鳞次栉比。

定位器显示李白就在你附近，可你来回张望了许久，也未见到李白的身影。

就在这时，一队人马经过你的身边，它们的中间是辆华贵马车。这时有围观百姓认出来，称这八成是翰林学士的车。

你连忙凑近了两步，隐约还听到一阵吟诗之声。

随后，那马车在不小心碰翻了路边酒楼摆在门口的酒摊后，渐行渐远了。

时间紧迫，你判断李白 _____

A 在马车上。 跳转3

B 在路边酒楼。 跳转7

2

"哎……"你看向李白道,"看来我们是同道中人。我也有平天下的志向。"

你说到此处,李白方才沉寂落寞的眼突然发出一丝光来。

"是啊,我们这种愿入官场的人,不就是想为国出一份力,为天下某一份公吗?"李白拿起酒壶,往杯中又倒了些酒。

"我年少时曾特意去拜师赵蕤,跟他学习帝王术和纵横术,就为了以后有朝一日可以平天下。皇上多次征召过他,但他都谢绝了。我问他为何,他告诉我应该视金钱如粪土,视功名如浮云。"

你有些不解,向李白问道:"可不得功名,又如何平天下?"

李白却是摇了摇头。

"你说得不错,不得功名,是不太容易平天下。但重点是,功名只是途径,平天下才是目的,万不可本末倒置。我已求官多年,如今被赐金放还是抑郁烦闷。可我知道就算没有官职,单以一个陇西布衣的身份也可以。

"庙堂执笔,江湖仗剑,不都是平天下吗?比起功名,又何来贵贱。而这被放还的痛,几杯酒,也就没了。"

说罢他笑着望你,举杯示意了一下,那酒尽入喉中。

你有感于李白这番话,点了点头,而后决定选取上句话中的 _____ 继续深入对话。

A	B	C
剑	平天下	酒
跳转10	跳转8	跳转12

任务一:咏唐

3

你断定车上那吟诗的翰林学士定是李白,于是朝那辆马车奔去。

奈何人不及车,你追了足足五里才勉强赶上他们。

可车帘撩起,里面竟是一个你不认识的人。这时你才想起来,唐天宝二年李白便被赐金放还,现在身上并无官职。

而等你立刻折返回酒楼时,哪还有李白的影子。

任务失败

4

既然李白被赐金放还,那现在的心情定是非常抑郁苦闷。若是你能吟诵上两句李白应此情景的诗句,也扮作同样的失意人,说不准能够引起李白的注意。

"行路难,行路难。多歧路,今安在?"你开口诵道。

果然,李白的声音从雅间传了出来。

"不知哪位兄台在吟诵李某的诗,可愿一同喝上一杯?"

太好了。

你心下暗喜,走进去微微一颔首,而后坐到了李白的对面。

"不想今日在此遇见太白,果真是仙风道骨,态如谪仙。"你拿起酒杯,先夸了两句。

你倒不是为了完成任务闭眼吹,因为李白看起来的确和旁人不是一个画风,他衣袖间都带着股不俗的气韵。

面对你的夸赞,李白的表情并没有什么太大的变化,反而是和你碰了碰杯,抬眸看向你。

"兄台诵此诗，可是同样有些不得志？"

你轻轻一叹气，点了点头。

随后不经意般地开口问道："太白用到同样，意思是？"

李白仰头喝尽杯中的酒，露出一个苦笑。

"平天下之志，亡于写给贵妃的一句诗。可怜飞燕倚新妆，却是小人断功名。"

听到李白这样说，你权衡了一下李白更可能感兴趣的事，而后打算针对这句话里的 _____ 继续深入。

A	B	C
平天下	诗	功名
跳转2	跳转9	跳转5

5

你想了想，而后开口问道："那你此番丢了功名，可有不甘？"

太白看向窗外，嘴里喃喃道："当然不甘。我不过是看不惯高力士那般卑劣嘴脸，让他为我脱靴灭一灭他的威风。可谁知他竟然用我的诗做文章，同杨贵妃说我在讽刺她。皇上有多宠杨贵妃天下皆知，为了平她怒气，撤我一个翰林学士又有何难？"

说罢，李白忽然有些激动，仰头干了整壶酒。

"小二，再来一壶！"

"为了求得个一官半职，这么多年来我四处奔波，到处结识权贵，希望能被重视。可是呢？蜀道之难，难于上青天！"李白将酒壶重重地放到桌子上，"而等我真的攀上了这蜀道，才发现这蜀道不通青天。"

你不禁开口安抚道："不得功名的人大有人在，无须纠结于此，不通那便放手吧。"

李白看向你，那双眼不复年少的清澈，已是染了一层风霜。

"不，所谓功成身退。功未成，又何以身退？"

你想了想这句话，觉得李白的功是指 _____

A	B
功名	平天下
跳转6	跳转2

6

小二拿来了新的酒，你为李白斟上一杯，而后道："太白不必如此伤心。若你实在想要功名，还可以再去争取啊。人生那么长，一定能再次有官职的。"

太白听罢抬眼看向你，神情复杂，而后摆手笑了笑，说道："罢了罢了，还是喝酒吧。"

语毕便不再看你，而是转头看向窗外西沉的斜阳，一杯一杯地独自喝着酒。

你不知自己说错了什么，只得尴尬地坐在那里。

不多时，李白便醉眼蒙眬了。

他看着你，轻轻笑了下。

"功名？官位？"

"安能摧眉折腰事权贵，使我不得开心颜。"

你终究是不懂李白。

任务失败

达成结局 匆匆路人

7

你算了算年份，想起李白现在已不是翰林学士，于是脚步坚定地走进那家酒楼。

你在酒楼找寻了一圈，果然在二楼的雅间找到了正在喝酒的李白。

从门缝看去，李白似是已经喝了好一会了。他的面颊微微泛红，月白色长衫的前襟也已被酒濡湿，面前放着三个空了的酒壶。

要在仅剩的几个小时内，在眼前这间小小的雅间内取得李白的认可，这次的任务还真是难啊……

你擦了一把额上的汗，而后卡在了第一步——如何同李白搭话。

思虑片刻，你决定 _____

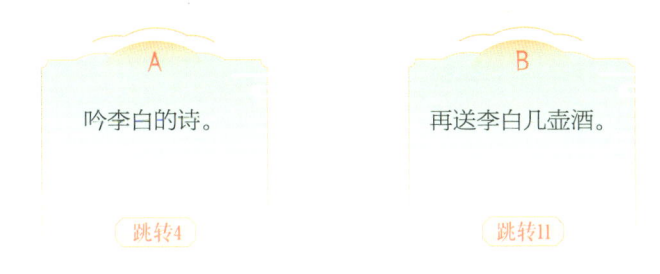

A
吟李白的诗。
跳转4

B
再送李白几壶酒。
跳转11

8

你针对平天下，继续同李白谈起治国安民之法。而李白也像打开了话匣子，谈论起这个简直滔滔不绝。

申管晏之谈，谋帝王之术。

李白眉飞色舞起来，连酒都忘了喝。

窗外的夕阳换成了月亮，你们聊得酣畅淋漓。

终于，到了任务终止的时间。

你向李白辞别，可李白只是笑着道了声再见。

怎么回事……

难不成是你找错了李白最在意的事？

你走出屋门，身后传来李白豪迈的吟诵声：

"兴酣落笔摇五岳，诗成笑傲凌沧洲。

功名富贵若长在，汉水亦应西北流。"

任务失败
达成结局
共话天下

9

你向前探了探身，不禁开口问道："可怜飞燕倚新妆……这可是太白那组大名鼎鼎的《清平调》？"

李白一改方才的失落，语调微微扬起，似是十分开心："兄台听过李某的这组诗？"

你难掩激动，连忙答道："那是自然。云想衣裳花想容，春风拂槛露华浓。真真是绝句啊！"

李白的眼角染了些笑意，看向你说道："那日我本在酒楼饮酒，玄宗硬是命人将我带到了御花园的沉香亭，说要我为杨贵妃作一组新的乐词。我当时十分不悦，也并不想作。可是……"

"美人与牡丹相映，宛如瑶台月下的场景。仙乐飘飘，似处玉山。"说罢，李白的眼睛微微闭起，不知道在想些什么。

半晌后，他睁开眼。

"他们都以为，因为这首诗是为了献给贵妃的，所以我不得不好好写。可他们根本不知道事实是什么。"

说罢，李白看向你，似乎是在等你回答。

你认为李白说的事实是 _____

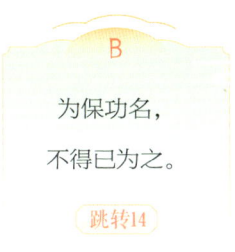

A
有感而发，
兴起而诗。
跳转13

B
为保功名，
不得已为之。
跳转14

任务一：咏唐

⑩

你听罢这句话，看向李白身侧的佩剑，开门问道："太白这剑可是龙泉？"

李白点点头。

你不由赞道："剑舞银蛇，寒影呼啸，真是快哉。"

李白看向你："兄台可是对剑术也有研究？"

你摆摆手，诚实地说道："并不是。只是听闻太白好剑，曾仗剑天涯，觉得十分钦佩。"

李白拿起剑，指尖轻轻地拂过剑鞘。

"那的确是段自由的日子。银鞍照白马，飒沓如流星。"

李白的表情看起来似是十分怀念。

而后，李白开始滔滔不绝地讲起自己仗剑出蜀后遇到的趣事。

你只能时不时点头附和几句，插不上什么话。太白似乎是沉浸在自己的回忆里，而此时对面坐的是谁，甚至说对面有没有人，都无所谓了。

很快，任务时间到了。你向李白告辞。

李白只是轻轻点了下头，并未挽留。

看来，你选错了话题。

任务失败

达成结局

萍水相逢

11

你觉得李白既然这么喜欢喝酒，那就自己请客，再叫小二上几壶美酒，说不准李白喝痛快了会愿意交你这个朋友。

小二很快又送来了三壶上好的竹叶青。

你在门外觉得时间差不多了，便走了进去。

可你忘了一点，李白方才便已经醉酒。而在你这三壶酒的加持下，现在他已全然醉倒。

等李白醒酒，你也到了返回记录局的时间。

任务失败

12

"太白真是好饮之人。"你看向李白说道。

李白放下酒杯，笑着点点头。

"烹羊宰牛且为乐，会须一饮三百杯。"李白说着又倒了一杯。

"这酒能助兴,能忘忧。能让我乘醉写诗,尽意而归。如此多的优点,我当然好饮。"听后，你也举起酒杯。

"既然太白好饮，那今日是助兴也好，忘忧也罢，我都陪太白喝个痛快！"

说罢，你点头示意一下，随后干了整杯酒。

李白笑道："兄台真是豪爽之人。好，今日不醉不归。"

"不醉不归。"

你们推杯换盏，直到月上梢头。

很快，到了你离开的时间。

太白挥挥手道："醒时同交欢，醉后各分散。谢谢兄台陪我醉酒。"

你看了看继续独自饮酒的李白，才发现原来自己寻错了重点。

任务失败
达成结局
与白共饮

⑬

"我猜，太白作这首诗完全是有感于眼前之物，当下之景吧。"你回答道，"美人美景，宛如天上人间。就算不是玄宗所命，太白也一样会乘兴而写。"

李白听后忽地大笑起来，而后拿出银两大手一挥。

"小二，再来两壶上好的金陵春！"

你连忙拦道："怎可让谪仙请我。"说罢便要从口袋中拿钱。

李白却拦下了你。

"钟鼓馔玉不足贵。兄台尽管喝，今日我太白请客。"

你知道李白现在的钱财已所剩无多，并不想他破费。可他既然已经如此说，你只得感激地一抱拳："谢太白兄。"

而李白也似乎是看穿了你的想法，微笑道："兄台不必担心。天生我材必有用，千金散尽还复来。"

酒过三巡，太白已是微醺。

"主人何为言少钱，径须沽取对君酌。五花马、千金裘，呼儿将出换美酒，与尔同销万古愁。"

李白把玩着手中的玉杯，在这小小的雅间，秀口一吐却是天上之语。

你看着眼前的景象，不由地感叹，这可真是谪仙人。

就在这时你忽然发现一件事。

——似乎李白每次作诗都是在醉酒之中。

开心便饮酒助兴，失意也举杯消愁。所谓古来圣贤皆寂寞，唯有饮者留其名。

所以李白最喜欢的是诗还是酒？

A 酒 跳转12

B 诗 跳转15

14

想到李白一代诗仙，却为了留住翰林一职，被迫做自己不愿做的事，你的心中不由升起一丝同情与悲凉。

你不由地开口道："若不是心中有执念，谁又愿意拿笔写自己不想写的东西。"

李白微微挑起眉，似是有些讶异，而后低头道。

"若是如此说来，倒也有些道理。不过就算他们满意了，也还是改变不了结局。"

"这官场，实在是太黑暗了……"

跳转5

15

"比起酒，太白更喜欢诗吧。"你问李白。

李白似乎很惊讶你问出这句话，因为此刻你们明明正在推杯换盏。

半晌后，李白放下酒杯。

"是诗。"

"当然是诗。"

李白低下头，声音很温柔，像回答你，又像说给自己听。

莹莹皎皎的圆月早已挂在天上。清晖从窗户洒进来，照在李白缥缈的白衣上。

"酒不过是途径，剑不过是爱好，官职只是经历，平天下是夙愿。

"可唯有诗，才是我自己。"

你回顾了下刚才发生的所有事，突然理解了李白的话。

你一直以为是这位谪仙的人生点缀着诗。可直到现在你才明白，是这一首首的诗，组成了李白全部的人生。

失意也好，得意也罢，他都把当下的感受尽情抒发在诗里。

他不能控制自己的宿命。可在诗的世界里，他是自己的王。

你举起酒杯，向李白敬道："敬诗意人生。"

时间差不多了，你向李白告辞。

你正要转身出门，李白忽然叫住了你。

而后冲你举起酒杯，笑道："我这杯，敬知己。"

任务完成

达成结局

诗中知己

获得李白的记忆碎片

×1

纵死侠骨香

第二单元

名剑小科普

文 / 古人很潮

听闻李白是位热爱剑术之人，看来接近他必须要了解一些有关剑的知识。

那么初涉江湖，你该怎么选剑呢？

看看铸剑大师们的推荐吧！

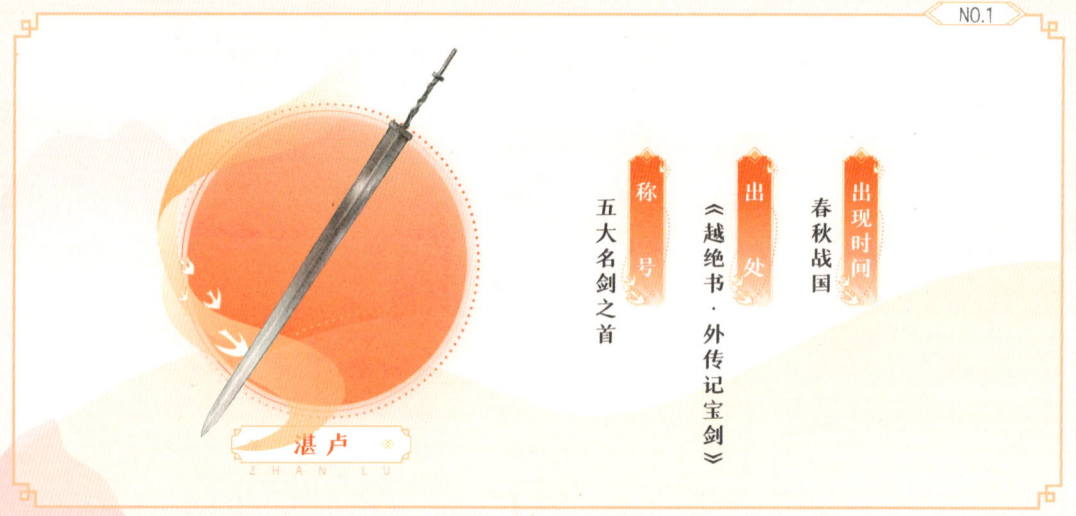

NO.1

称号：五大名剑之首

出处：《越绝书·外传记宝剑》

出现时间：春秋战国

湛卢 ZHAN LU

湛卢剑由铸剑名匠欧冶子所铸，为五大名剑之首。其铸剑之山，为古地名山"湛卢山"，位于现在的福建省南平市松溪县。

欧冶子曾铸了三长两短五把宝剑：他们分别是湛卢、纯钧、胜邪、鱼肠、巨阙，全都锋利无比，并称"越五剑"。

庄子有言，天下有三种剑：天子剑、诸侯剑、庶人剑，湛卢便是这三种之中的诸侯剑。

湛卢剑锋利无比，削铁如泥，锋锐难挡，在当时少有可与之匹敌者。因而湛卢剑只有身份尊贵、地位显赫之人才能持有，相传此剑一出可影响天下大势。

如果你想称霸江湖、搅弄风云，不妨试试此剑。

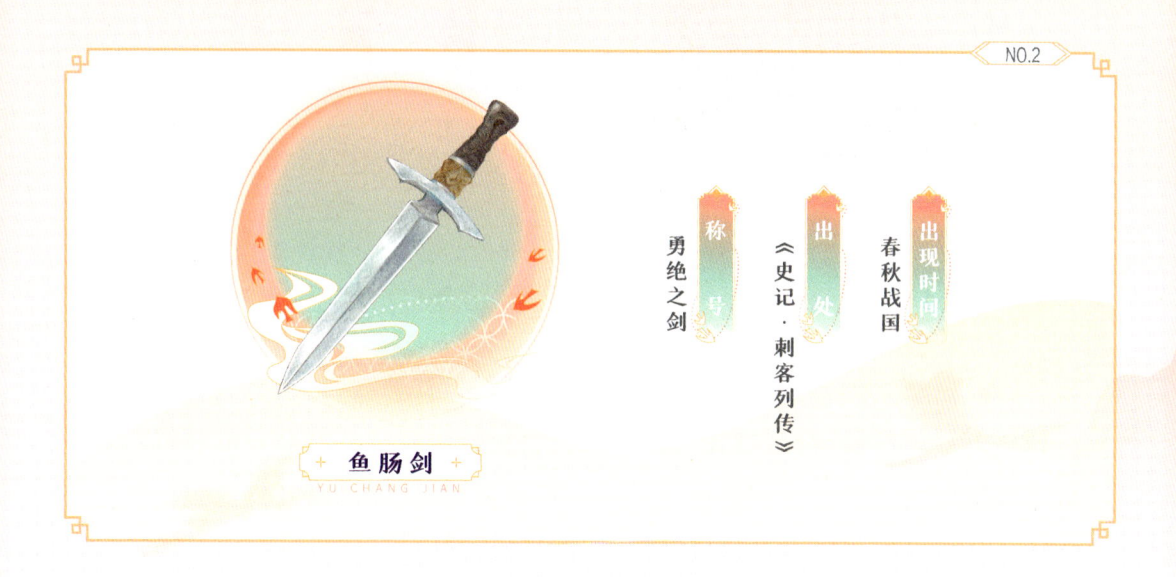

NO.2

称　号：勇绝之剑
出　处：《史记·刺客列传》
出现时间：春秋战国

鱼肠剑
YU CHANG JIAN

▶▶

鱼肠剑因短小精悍所以多用于刺杀，当时著名相剑人薛烛被请来相剑时，评鱼肠剑为"逆理不顺，不可服也，臣以杀君，子以杀父"之剑。所以如果你想当一名悄无声息夺人性命、惩奸除恶以下克上的刺客，那么此剑便是你的不二选择。

相传这把短剑打造时工艺繁多，致使剑身上有着似鱼鳞一般的图案，其目的正是为了能一举刺破吴王外衣下所穿的护甲。又因专诸刺杀吴王时将其藏于鱼腹之中，故而被称为"鱼肠剑"。

但持有此剑便需要有无尽的勇气和辞别的决心，一名刺客一生可能只有一次成功的机会，一击不中，则后招无用。四大刺客之首的专诸在刺杀吴王之后当场被杀，让鱼肠剑和他一起在史书上留下了浓墨重彩的一笔。

NO.3 赤霄 CHI XIAO

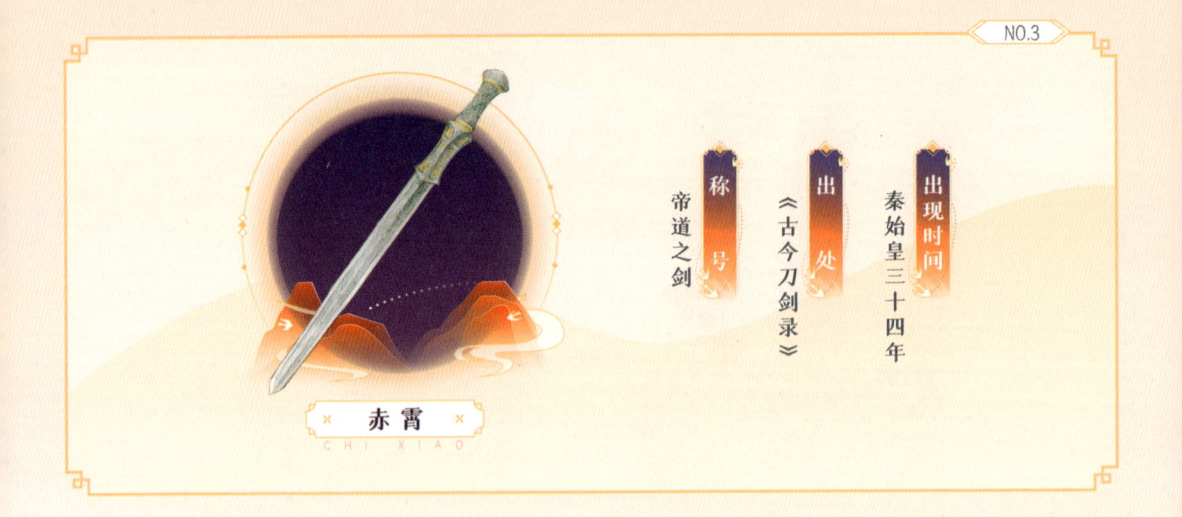

称号：帝道之剑
出处：《古今刀剑录》
出现时间：秦始皇三十四年

▶▶ 赤霄剑，乃汉高祖刘邦所用之剑，是帝王之剑，剑长三尺。刘邦在秦始皇三十四年于南山所得，当时剑身上镌刻了两个篆字"赤霄"，故而得名赤霄剑。

相传，此剑的剑身仿秦剑，上有花纹，剑上镶嵌七彩珠，因剑中九华玉寒光逼人，世人皆称其刃如霜雪。刘邦更是在持此剑怒斩白蛇之后，开启了自己的皇帝事业之路。虽然只是为了事业编的故事，但足以看出赤霄剑在刘邦事业路上的重要性。

NO.4 巨阙 JU QUE

称号：天下至尊之剑
出处：《越绝书·外传记宝剑》
出现时间：春秋战国

▶▶ 巨阙剑身厚重，以气克重，相传，巨阙的威名来源于越王勾践。

巨阙刚刚被锻造而成之时，越王坐于高台之上，此时宫人驾四驾鹿车而来，然而鹿突然发狂，越王当即之下拔剑刺鹿，鹿皮恍若白纸一般被刺破，可见剑之锋利。越王顿觉惊奇，又命宫人取大铁锅来，一剑刺去，铁锅好似米糕一般已然破碎。如果你想成为攻城略地、守卫一方的将军，那么此剑就是最趁手的武器。

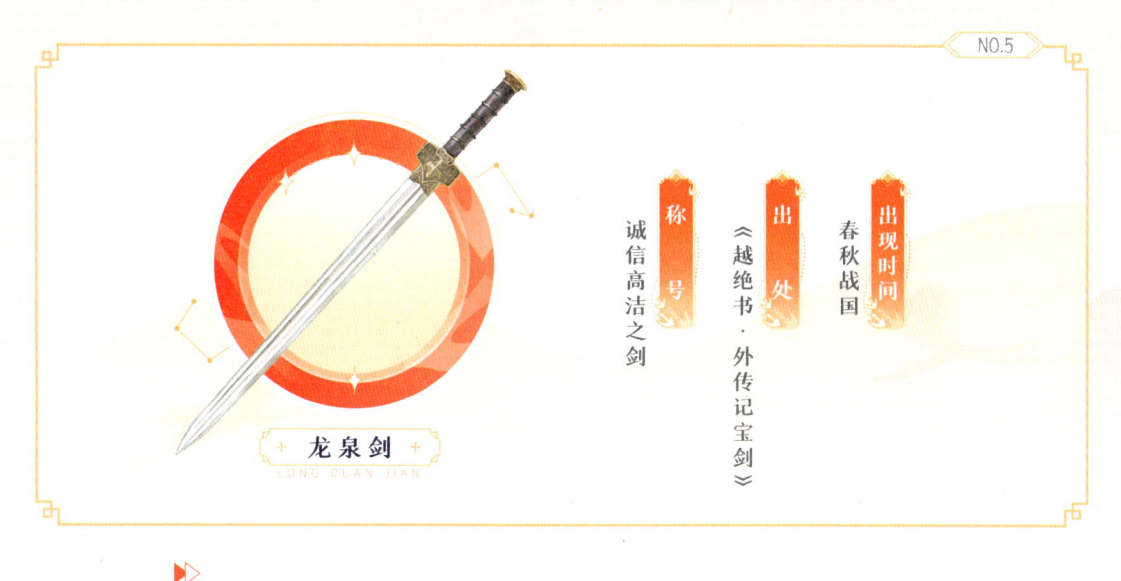

NO.5

龙泉剑
LONG QUAN JIAN

称号	出处	出现时间
诚信高洁之剑	《越绝书·外传记宝剑》	春秋战国

▶

铸剑术以吴越地区最为有名，即周公《冬官考工记·总叙》中所写，"吴粤（越）之剑，迁乎其地弗能为良，地气使然。"

而龙泉盛产铜铁矿，铸剑巨匠欧冶子所铸的龙泉剑乃铁剑之首。

《越绝书》记载，春秋时期，欧冶子凿山引水，取山中铁英之石，引高山清泉之水，铸造了利剑三柄，分别名为龙渊、泰阿、工布。用这三把剑斩铜剁铁，就像削泥去土。其中的龙渊，又叫七星龙渊，后为避唐高祖李渊讳改称龙泉。

精诚所至，金石为开。龙泉剑因其材质和背后的含义，被称为诚信高洁之剑。如果你想做一名"银鞍照白马，飒沓如流星"的侠义之士，不妨选这样一把剑开始你的江湖之行吧。

一个剑客的自白

文／明戈

Jianke

①

俗话说得好，不会喝酒的诗人不是一个好剑客。

而李白，就是这样一个九九九千足金的优秀剑客。

其实李白小时候也曾犹豫过走哪条路。因为他妈妈是在梦到太白金星后生的他，他又打小就在文学方面很有天赋，所以大家都觉得李白是个天生的文科生，但他骨子里和那些弱不禁风的文人不太一样。

李白爱玩剑。

不是拿着木剑随便比画几下锻炼身体那种，是真的弄剑。一袭白袍，除暴安良，剑锋厉厉斩落木。

所以究竟走文走武……

小孩子才做选择，李白大手一挥。

"我全都要。"

好在上天给了他一个聪明脑子，一副强健的体魄，和一对朋克爸妈。他们从不干涉李白的爱好，秉持着做人嘛，就是要开心的教育理念，任由他自由生长。

至于李白，这样一个言出必行的富二代，既然做了选择，那就不是说说而已。一定要搞出点成绩，不然就得回去继承千万家业了。

作为一个剑客，首先，要有一把好剑。这倒不难，李白隔天就重金买了把龙泉宝剑，其刃甚利，吹毛立断。

是夜，月明星稀，崖顶无人。山间粗粝的风拂过李白的面庞，吹得他衣袖翻飞，发丝飘扬。

身畔的宝剑在月色下闪着寒光，他仿佛能感受到其中波动的能量。

这时李白才想起来一个问题。

这玩意儿咋用？

他试着比画了几下，有些摸不着门路。

"要不还是找个老师吧……"

2

第二天，白父就在当地给他找了个课外班，李白每天放学都去那儿习剑。

仗着有点天赋，李白学得很快，数年后剑术便已经十分了得。这天李白与老师过招，竟轻松打过了他。老师赞许地点了点头，夸李白"青出于紫而胜于黑"。

这一刻，李白明白了一件事——他需要一个语文老师，而自己需要一个更厉害的师父。

不过几日，李白便听闻鲁地有个叫裴旻的人，武艺高超，在北平郡任职。北平虎多，他曾一日之内持剑射杀三十一头猛虎。除此以外，剑术更是一绝，人称剑圣。于是李白兴奋地草草收好行李，赶往山东拜师。

李白见到裴旻时，他正在院里舞剑。

李白扒着门缝往里瞧去，只见裴旻手持银蛇，身姿豪气干云，疏狂潇洒。其剑法变幻繁复至极，令人眼花缭乱。只见他抬手间剑锋凌厉，寒光闪动，招式虚虚实实翩若仙人惊舞。

他惊得目瞪口呆，又热泪盈眶。这不就是他要找的大神吗？！

"师父！"

李白激动地推门而入，全然忘了裴旻掷入云端的剑还未落下。

所以当那柄泛着青光的宝剑从天而降，擦着李白的右前胸没入泥土时，他深深地跪了。

裴旻："怎行此大礼，快请起。"

李白："腿软，起不来。"

3

裴旻是个绝好的师父，几乎将他所会的都对李白倾囊相授。

一日裴旻喝多了酒，在月下舞剑。

平日里他的头发都束得严谨，今日却是散落下来。透明的月光下，他舞得暴怒异常，像周围有铁马骑兵在与他对战，像这恬静花园是个风沙漫天、血流成河的战场。李白不敢惊扰，在一旁并未上前。等他舞累了，才递了一杯清茶过去。

裴旻看着杯子，仿佛陷入了沉思。

"我常能忆起打仗的时候，上阵杀敌，保家卫国。"

"我的剑浊，不像你，清冽。"

李白不解地摇摇头。

"你是个文人，舞的不是杀人之剑。"

李白皱了皱眉，辩解道："不是，我可以十步杀一人，千里不留行。"

裴旻笑了起来，李白从他微弯的眼睛里看见了自己的倒影，那是个倔强固执的少年。

裴旻放下茶杯，又拿起了酒，而后道："将军该饮酒，诗人也该饮酒。"

李白见他既如此，也不再悠着，拿起酒杯豪饮起来，还不忘纠正道："是剑客。"

裴旻眯着醉眼问："那你为何想做剑客？"

李白用袖子一抹下巴上的酒："潇洒，能行侠仗义。"

裴旻看着月亮自言自语道，似乎在回答他，又似乎没在回答他。

"剑与侠，唯心尔。"

4

李白学成之后，与师父比试了一场。不过结果可想而知。

但李白并不觉得失落。败给剑圣，不丢人。

与师父辞别后，李白回到家中又呆了些时日。二十五岁时，他开始只身一人，仗剑出蜀，离亲远游。

作为一个剑客，这三尺龙泉剑便是他最好的朋友。李白携它登上过八十多座高山，游历过十八个省份，途中见义勇为，行侠仗义，更是广结天下有识之士。

直到那年，唐玄宗诏他入宫。

那是李白第一次放下剑。

李白以为他放下了剑，拿起皇上封的官职，便可以为国出力，一展拳脚。没想到，他竟变成了和杨玉环一样的笼中金雀，只为皇室取乐。

后来李白被设计赐金放还。明面上他虽然不屑一顾，巴不得从皇宫逃离，但午夜梦回时，总感觉心里缺了一块儿什么。

他继续和从前一样云游天下，还结识了杜甫等好友，可手中的剑却是越来越沉。李白总是能想起未完成的报国之愿，与此同时他又没有任何办法。

李白有点气。这种不洒脱的样子一点也不侠客，一点都不酷。

天宝十四载，安禄山起兵造反。

李白拿着剑要前去保家卫国，可是没人用他。

于是他急得晕了头，加入了永王的队伍。

那是李白第二次放下剑。

他以为自己终于可以报国了。可还不等他有所作为，没想到竟被意外牵连，陷入牢狱之灾。等他好不容易出来他因为政治主张，被流放夜郎。

他垂下头，不禁自嘲轻笑。

"我一定是大唐最狼狈的剑客了。"

5

等李白被赦免回来时，他已是发须皆白，身形消瘦，连拿剑的手也开始颤抖了。

那日傍晚，他独自在船上饮酒。皎洁的明月挂在天上，微凉的夜风阵阵吹来，让他想起师父舞剑的那个晚上。

师父说他的剑不是杀人之剑。

那是什么？

李白一杯接一杯地喝着酒，眼前的景色都有些模糊了。

渔火点点，他摸了摸身旁的宝剑，突然记不起他为什么要当一个剑客。

又是几杯入喉，他的思维开始变得混乱，他知道自己已经醉得不行了。

他爱的月亮突然变得好近，近得仿佛弯个腰就能抱到。

……

"我是谁来着？"

身侧的龙泉剑泛着淡淡的光。

"哦对，我是个剑客。"

"那这剑又是什么来着？"

李白突然感觉脚下一轻，而后整个人倏地投入到月亮温柔的怀抱中。

……

想起来了。

是自由。

寻仙问道那点事儿

文/明戈

　　李白对寻仙这事的执念是从何时生的呢，这要从他小时候说起。

　　李白作为一个在文学方面开了挂的人，被大家夸赞天才是常有的事。加上其母又梦到过太白金星，这更为他蒙上了一层神秘色彩。于是大家都传，李白这么聪明是因为人家是太白金星。

　　太白金星是什么？

　　"太白者，西方金之精，白帝之子。"那可是神仙。

　　这个说法一出来，李白本人很开心，别的小孩也很开心。

　　李白开心自己和仙沾边，别的小孩开心考不过李白有理由了，谁让自己不是神仙。

后来李白长大了，从小孩变成了少年。

这时正值盛唐，唐朝富甲天下，空前繁盛。大家为了策马奔腾更享人世繁华，于是都想寻仙问道，好能够长生不老，多享享福。

可李白寻仙就不同了，人家可没这么功利。

此时他正居于戴天山。山上树林幽深，野鹿时现；竹林直穿青天，桃花繁茂；处处飞瀑流泉溪水清澈，宛如一处世外桃源。

这桃源中还有一个道馆，山中时常有衣袖出尘的道士们来往。

李白不由地心想：如此气质不俗，那八成和我是一挂的。

加上李白对世间的金钱名利都不感兴趣，于是便被这讲究"出世"的道家文化吸引了。

野竹分青霭，飞泉挂碧峰。
无人知所去，愁倚两三松。

李白有时候想找道士们了解下道家方面的知识，却找不到人，所以只能皱眉失落地倚靠古松发愁。

除了道士，李白也在山间和别人打过交道。

问余何意栖碧山，笑而不答心自闲。
桃花流水窅然去，别有天地非人间。

比如，就有山民见他的气质超然不群，皎皎如神人，便上前问他为何在此隐居。

李白随后一副"只可意会不可言说"的表情，笑而不答。

山民一边称赞，一边感叹着离开了。

李白见他走远后，仰天长笑一拍大腿。

"嘁，我这气质，真是藏都藏不住！"

一个地方待久了，李白便打算换个地方"修炼"。

于是他离开戴天山又跑去了岷山，还在那里认识了一位隐者。

也许因为李白并未经过什么系统性的学习，这时他觉得修仙大概就是在山里默默地待着。

干待着也无聊，他决定开始养鸟。还不是养一两只，而是养一大堆的奇珍异鸟。

至此，李白莫名其妙地从隐士变成了护林人。

不过这些鸟也不是白吃他的，可能因为养得久了，李白一招呼，一大群鸟便呼啦啦地飞过来。

此等奇闻，很快招来了绵州刺史。

刺史见状大惊，直呼李白活神仙，还建议他去参加道科考试。

可李白却拒绝了这个提议。

他虽然自信，但也不至于自信到一叶蔽目。他知道自己其实就是个半吊子。

若真想要成为正经道士，实力还差得远。

等到李白二十五岁时，他觉得自己不能再这么瞎鼓捣了，得去外面的世界看看。

毕竟道家讲究三十六洞天，七十二福地。满世界那么多修炼之处，肯定比待在一个地方收获大。

"五岳寻仙不辞远，一生好入名山游。"

于是李白带着剑和满心的期待，开始了正经的寻仙之旅。

一般来说出了新手村，都要先历练一下，而后才能有大奇遇。

可李白不一般。

他还没走出家门口几步,就在江陵附近遇上了道家祖师爷级的人物——司马承祯。他可是上清派前代宗师,跺跺脚整个道学界都抖三抖的大拿。

这神级位导师上下打量了几眼李白。

李白有点紧张,生怕得到什么负面评价。

没想到审核完毕,司马承祯不仅没说一句不好,反而给了一句"仙风道骨,可与神游八极之表"的高度评价。

意思就是看你小子骨骼清奇,是个天生的修仙奇才,加油!看好你哦。

有了宗师的首肯,李白寻仙问道得更加来劲了。

开元十四年,他游历到嵩山附近。

不久后,他认识了一位隐士——元丹丘。

当时二人都不知道,这一相识,他们便当了一辈子的挚友。

元丹丘说自己本名元林宗,生长于一个官宦人家。不过他不屑于锦衣玉食的生活,觉得人生应该有更高的追求。于是开元初年他便离开家,拜入胡紫阳门下,选在嵩山之阳进行修炼。

李白一听激动坏了。这不就是自己的观点吗?不就是自己想要的生活吗?

虽然司马承祯把李白列为"仙宗十友",让其和孟浩然、贺知章等齐名,可李白对系统的道家文化还是知之甚少,修炼得也不专业。

于是,李白便跟着元丹丘开始了以"存神"和"诵经"为主,"服气吞露"和吃丹草药为辅的隐居生活。

除修炼时间外,二人把臂同游,无话不谈,数日后便成了至交。

"弱龄接光景,矫翼攀鸿鸾。"

随后,二人一起在嵩阳隐居了数年,李白也有了质一般的飞跃。

不过随着李白与元丹丘、元演等隐士的交往,他发现了一些问题。

他们之间的理念并不尽相同。

几乎所有隐士修仙都是为己，守着自己的一亩三分地练，最后能羽化登仙就是完美结局。

可李白觉得修仙应该兼济天下，辅佐君王，不能那么自私。

"终与安社稷，功成去五湖。"

于是，李白向元丹丘告辞，出山求官去了。

现实是残酷的。李白的求官之路并不顺利，甚至可以说是处处碰壁。

在官场备受打击的他，想起寻仙时那段快乐日子，不禁思交心切。至交就是至交，二人心有灵犀，元丹丘此时也想李白了，于是便邀约李白再前来同住。

"故交深情，出处无间……当冀长往不返，欲便举家就之。"

开元二十二年，李白如约来到嵩山，再次开启和好兄弟一同修仙问道的模式，并且恨不得把全家都搬过去。

二人每天喝酒遛弯，逍遥自在，谈玄论道，修身养性。在元大神的带领下，李白的道学水平也越来越高。

不仅如此，元丹丘还与李白前往随州胡紫阳先生处学道。

李白虽没正式拜师，但胡紫阳却把李白当作亲弟子，不遗余力地教授上清派修行要诀。

李白天资过人，学得也是卓有成效。

后来，二人分别了一段时间。唐开元二十四年，元丹丘从峨眉回到嵩山，意外结识了李白的好友岑勋。

这日，三人相会于颍阳山顶。

夜凉如水，月影朦胧，宛如仙境。

三人把酒言欢，推杯换盏。喝到兴起处，李白拍案而起，乘月高诵。

君不见，黄河之水天上来，奔流到海不复回。

君不见，高堂明镜悲白发，朝如青丝暮成雪。

人生得意须尽欢，莫使金樽空对月。

天生我材必有用，千金散尽还复来。

烹羊宰牛且为乐，会须一饮三百杯。

岑夫子，丹丘生，将进酒，杯莫停。

李白站在崖边，身姿挺拔。皎洁的月光洒在他身上，衣袖发须皆随山风而起。此时四下俱暗，全无颜色。

唯有李白，负手站立，谪仙般发出光来。

元丹丘与岑勋醉眼相望，不由大惊：还修什么仙，这不就是个仙人吗？

嵩山一别，随着玉真公主等人的引荐，李白终于入宫实现了为官梦。

可这场幻境直到梦醒，也不过短短两三年。

唐天宝三载，李白从长安出发，再次开始了寻仙问道之旅。不过这次，轮到他变成了导师。

在洛阳，他遇见了高适和自己的粉丝杜甫。

"天上白玉京，十二楼五城。"李白醉酒说着天上之景，恍若真的见过一般，把高适和杜甫唬得一愣一愣的。

二人当即扔下事业，誓要跟随李白在梁宋寻仙，不寻到不算完。

面对这样两个有志向的萌新，李白甚是欣慰。

于是他不辞辛劳，天天带着他们去山上采草药找仙人，像当年元丹丘带着自己一样。

三人每天灰头土脸，累得腰酸背痛。

可能因为李白没有教师资格证，他教得实在不怎么样。

不到一年，这支原本雄赳赳气昂昂的队伍便就地解散了。

李白又开始了独自寻仙问道的旅途。

后来，他到了齐州的紫极宫，道士高天师如贵，为他传授道箓。

自此，李白成了授箓的高级道士，有资格"名登天曹"，死后不受幽冥轮回之苦。

再后来安史之乱爆发。

李白又颠沛流离了很多年，也独自拜访了许多仙山。同样，他也再没见过那些曾经和他一起把臂同游的道友们。

唐宝应元年，这位寻了一辈子仙的人，终于停下了脚步。

有人说他醉酒捉月去了，有人说他乘鲸而归玉盘。

还有人说他是病入膏肓，亡在榻上。

世人众口纷纭，莫衷一是。

可事实究竟是怎样有所谓吗？

没所谓的。

太白是仙人。

仙人不死。

元丹丘：道友，一起修仙吗

文/纤纤月

有这样一位道士，他在全唐诗文里没有一首作品，在新旧唐书中没有独立传记，在历史上没有留存只言片语，却因好友而闻名天下。他就是元丹丘，李白赠诗十几首的至交，一个洒脱的道教徒，一个江湖的真传说。

众所周知，李白赠诗就像发朋友圈，从吃喝玩乐到求仙问道，内容十分丰富，题材十分广泛。山中隐居、家里喝酒、写信问候，元丹丘作为最佳拍档出镜率极高。

李白：我有一位道士朋友！他的名字是元丹丘！

唐开元十四年，李白和元丹丘这对惺惺相惜的好友一见如故、相见恨晚[1]。

两人端坐在泉水泠淙的山脚下，刚开始喝时彬彬有礼地敬酒吟诗，酒至微醺便勾肩搭背地席地而卧。

---

[1]《题元丹丘颍阳山居》：仙游渡颍水，访隐同元君。

李白举起双手做喇叭状,对着峡谷大声呐喊:"我愿游历大川,一生青鸟为伴。"而元丹丘将双臂枕在脑后,笑盈盈地高声回答:"我爱隐居山间,闲看云卷云舒。"向往自由的两人相视大笑,从海北聊到天南。

酒过三巡,李白和元丹丘豪爽地将大碗酒一饮而尽,虔诚地立誓成为拜把兄弟[1]。"皇天在上,后土为证。今日李白与元丹丘愿结为异姓兄弟,有福同享,有难同当!"少年时光,最是意气风发、豪情万丈。

在元丹丘的颍阳山居写完游记,李白仍觉意犹未尽。他大笔一挥,洋洋洒洒地做了好多首诗。然而李白的目标是星辰大海,即使再不舍也要说拜拜。

离别之际,李白给好友留下一条永葆青春的"锦囊妙计"。他十分认真地向好友介绍道:"我的养生秘诀是每天按时吃黄金药,友情推荐著名道士胡紫阳的名片呦[2]!"元丹丘欣然接受了他的一番美意,虽然三无产品不可靠,但是人生知己情谊真。滴,好友卡!

唐开元十五年的冬天,社交天才李太白成功地让好友连成一个圈。李白呼朋唤友道:"元丹丘!元演!胡紫阳!我们组建一个求仙问道四人团吧[3]!"别酒寒酌,对坐松月;畅想明年,抱琴卧花,真是世人向往的生活。

叮,好友们已进入群聊!

开元十九年,李白和元丹丘在长安重逢。对于说走就走的"背包客"而言,这样的相聚十分难得。

李白还在长安,元丹丘就要前往蜀川,两人的坐标从渐近到重合,又从重合到渐远。在交通不便的古代,车和马都很慢,他们只能通过书信往来。

拆开元丹丘从远方的来信,李白勾起嘴角笑着说"终于等到了",然后托着下巴坐在窗前沉思,脑海里构建出一幅浪漫的图景:"青鸟衔着云锦书飞来又离开,径直

---

[1]《颍阳别元丹丘之淮阳》:吾将元夫子,异姓为天伦。

[2]《颍阳别元丹丘之淮阳》:当餐黄金药,去为紫阳宾。

[3]《冬夜于随州紫阳先生餐霞楼送烟子元演隐仙城山序》:吾与霞子元丹、烟子元演,气激道合,结神仙交,殊身同心,誓老云海,不可夺也。

飞入那紫色的霞彩,只在绮窗前留下一封信。"李白拿来书案上的信纸,将满腔思念倾注笔尖,很骄傲地展示彼此的友谊:"元丹丘,听说你想我啦[1]!"

两年后,背着大包小包的李白去山中找隐居的好友。元丹丘遥遥看到李白大步流星地走来,于是挥舞手臂高声呼喊"李太白"。等好友走到面前时,他忽然粲然一笑[2],心想:"终于不必挂念千里之外的知己了[3]。"陌上相逢好,游侠李白背着剑远道而来,隐士元丹丘当然要好好招待。

"酒逢知己千杯少,我先干为敬。"元丹丘豪气地向李白举杯示意,"干了这杯,再来一杯!"两人相视一笑,离别的思念、美好的祝愿、浓浓的情谊,万语千言都在酒里。

不久,李白帮助好友收拾包裹回家乡颍阳,自己却选择留在洛阳漂泊。独自异乡闯荡,很多人曾有过迷茫,诗仙李白也不例外。他在《行路难》中勉励自己"长风破浪,直挂云帆"。后来他思来想去,决定回到安陆。

李白从唐开元十八年开始的长安之行,历时断断续续不过一只手数过五个春秋。

唐开元二十二年,元丹丘在嵩山春游,岑勋要去拜访李白,于是两人一拍即合,向闲居的李白发出邀请函。

"是兄弟,就同游嵩山!"

"收到!您的好友李白正在日夜兼程地火速赶来。"

春光正好,三人畅游完嵩山,又一起去李白在安陆的家。李白热情地款待朋友们,烹制肥美的牛羊肉,准备最香醇的美酒。聚会相当尽兴,他们先痛饮佳酿,再痛饮月光,几人都沉醉在无边的美景之中。

意犹未尽的三人像初识时那样相携着翻山越岭[4],去天朗气清的山巅再斟满美酒,听听山间风,看看天上云。

---

[1]《以诗代书答元丹丘》:故人深相勖,忆我劳心曲。
[2]《寻高凤石门山中元丹丘》:丹丘遥相呼,顾我忽而哂。
[3]《闻丹丘子于城北营石门幽居》:心悬万里外,影滞两乡隔。长剑复归来,相逢洛阳陌。
[4]《酬岑勋见寻元丹丘对酒相待以诗见招》:中逢元丹丘,登岭宴碧霄。

下山后的李白与元丹丘抵掌而谈，一直从天光破晓聊到月上柳梢。李白面对元丹丘时无话不说，只想原原本本呈现"我情既不浅，君意方亦深"的素心。回想当年两个青涩少年肩并肩地谈天说地[1]，时至今日两人依旧是高山流水的知音，时间未曾让友谊褪色。

在安陆招待完远道而来的朋友后，李白认真思考了下举家搬到嵩山的可能性[2]。

唐开元二十四年，李白对元丹丘的嵩山居所进行了一番实地考察，因为他很想与好友一同求仙问道。他振臂高呼："我爱修仙，快乐齐天。来一场说走就走的搬家之旅！"

然而，由于种种原因，李白没有搬至嵩山居住，反而去了随州春陵；此时的元丹丘则到达洛阳石门山，有了新的隐居之所。元丹丘极力安利李白来洛阳一起愉快玩耍，于是两人又有了一番书信往来。

元丹丘："有山有水有美酒，李太白快来快来！"

李白："谢邀，分别一年，十分想念。'退耕春陵东'是我最初的梦想，我现在过得挺好，暂时不去找你啦[3]！我们的友谊一定地久天长。"

在桂香中隐居甚至不亚于桃花源，松林中清风徐来，溪水里月光明朗，再弹奏瑶琴、斟满美酒，李白的心灵又归于平静。

唐天宝元年，李白任翰林待诏。在此之前，元丹丘不仅成了道观中的威仪臣，还当上了著名道士胡紫阳的正式弟子。他在长安不遗余力地为好友打广告，应援李白以诗出道。恰逢玉真公主返回长安，她便将李白举荐给唐玄宗。

喜讯！两位好友同期升职，并肩走上人生巅峰！

"前途一片光明，今后一帆风顺！"两人都一手紧紧握着酒壶，一手揽着彼此肩膀，尽情畅想着他们美好的未来。

"太白，你还欠我好多顿美酒。"元丹丘醉眼蒙胧地扳着指头，历数好友几次不

---

[1]《与元丹丘方城寺谈玄作》：清风生虚空，明月见谈笑。
[2]《题嵩山逸人元丹丘山居》：当冀长往不返，欲便举家就之，兼书共游，因有此赠。
[3]《闻丹丘子于城北营石门幽居》：方从桂树隐，不羡桃花源。

请客的罪状。

"好说，好说，我们不醉不归！"李白此时正是酒兴盎然，他以朋友的名字为题，唱了一曲扣人心弦的《元丹丘歌》，浪漫地讲述了元丹丘在嵩山求仙问道的生活。

"丹丘生，你就是我那过着神仙生活的神仙朋友！"李白端起酒杯将佳酿一饮而尽，给好友展示一滴不剩的杯底。

"我也满上，"元丹丘拍手叫好，沉吟良久，"好一个'我知尔游心无穷'，李太白真知我者也！"

唐天宝二年，李白的祝愿变成现实[1]。玉真公主在灵都宫接受道箓，正式成为道士，后被赐号"持盈法师"，元丹丘等人为其立碑记事。李白和元丹丘齐心协力地推广道家思想，两人的事业蒸蒸日上、红红火火。

又是一年春草绿。唐天宝三载，元丹丘辞去昭成观威仪臣的工作，要去饱览大好河山。他对好友说出心里话："世界那么大，我想去看看。"不久之后，李白也被唐玄宗赐金放还。

在天宝六载的越中，李白与元丹丘再度聚首。

"嘿，兄弟。好久不见！"

"长安一别好多年，走过名山与大川。"

他们开怀大笑，欣慰于故人依然。虽然中间那些年，相隔着万水千山，但两人的音信未曾中断。元丹丘将离开长安后的经历一五一十地讲给好友听："之前我曾经到蓬莱打卡，现在准备启程去华山了。"

李白想象着，元丹丘将住在云台阁道通向的幽冥之处，昂首与苍天谈论宇宙的奥妙[2]。他一脸轻松地阖着双眼，面对广袤天空挥舞双臂："到时我们骑着茅龙扶摇直上九万里！"元丹丘抚掌大笑，爽快赞成道："一言为定！"

相识遍四海，潇洒走一回。这就是元丹丘，李白志趣相投的道士朋友，其足迹遍布名山大川，一生逍遥于天地之间。

---

[1]《玉真仙人词》：几时入少室，王母应相逢。
[2]《西岳云台歌送丹丘子》：我皇手把天地户，丹丘谈天与天语。

任务二：谪仙

文／一握灰

已完成

点击进入任务

请先完成上一任务

1

人物ID：操作员61号　　主要目标：记录李白临终的遗言

进入时间：？（未知）　　附带技能：中古汉语熟练度+15

注意事项：这次的任务将十分艰险，请注意不要迷失在当前的时空。

请在以下选项中做出选择，以进入对应的世界线。

A
古来圣贤皆寂寞，
唯有饮者留其名。
跳转2

B
今人不见古时月，
今月曾经照古人。
跳转9

C
赤壁争雄如梦里，
且须歌舞宽离忧。
跳转15

2

按下这个选项时，你已经在脑海中勾勒出了目的地的景象，大约是觥筹交错，高朋满座，保不准还能见到盛唐的风流人物。然而眼睛一闭一睁，你傻了：所处屋舍不蔽风雨，茅室土阶中唯见一床一案一凭几，倾倒的酒瓮仍在滴溜溜地打转，好似刚被踢翻在地。

行吧，看样子是围观不了盛世文化沙龙了。你调出背景介绍，才晓得此时已是唐肃宗上元三年，安史之乱的战火仍在肆虐，你所处之地乃重镇宣城……嗯，行，不错，那么问题来了，任务目标呢？

你在屋中转了几圈，强迫症发作似的把散落在各处的诗文手稿收集整齐。你刚要瞻仰一下诗仙真迹，便听见门口响起一声朗笑。

"足下不请自来，满室器物皆不取，独拾某的诗稿，实乃雅贼也。"

你吓了一跳，转身瞧见一位瘦骨嶙峋、须发染霜的老人，恰是李太白，即刻辩解道："我不是贼，我是专程前来拜访您的。"

老者似是不疑有他，进屋后趺坐于榻，捡起案上的酒盏，邀道："难得还有青年才俊挂念老朽，既如此，可愿与某共酌？"

A
有幸与诗仙同饮，接受。
跳转3

B
担心喝酒会误事，拒绝。
跳转4

任务二：谪仙

3

屋中陈设简陋，你正襟危坐在席上，与李白举杯对饮。你一边喝一边暗自观察，李白虽已年逾花甲，却依旧眸子炯然，只是身形过于瘦削，执盏之手也不住地簌簌颤抖。

倒也难怪……安史之乱爆发后，永王李璘拥兵自重，意图谋反，唐肃宗派遣高适等人围剿叛军。李璘兵败身死，时为其幕僚的李白也锒铛入狱，经友人多方奔走营救方才免除死罪，改判流放夜郎。虽在途中蒙赦，但近一年的颠沛流离着实令李白吃了些苦头，加上目睹山河破碎之惨状，他难免身心疲敝。

眼见李白又剧烈地咳了起来，你不由关切地问道："阁下身体可安？"

李白并不回答，径自斟罢酒，将空掉的酒壶一扔，叹道："人生不足百，倏忽而已，小病小灾何足挂怀，小友愣着做甚，速去沽酒，速去！"

你一愣，敢情自己这是和岑夫子、丹丘生一个待遇了。

A	B
如其所愿，外出买酒。	放不下心，留守照顾。
跳转5	跳转4

④

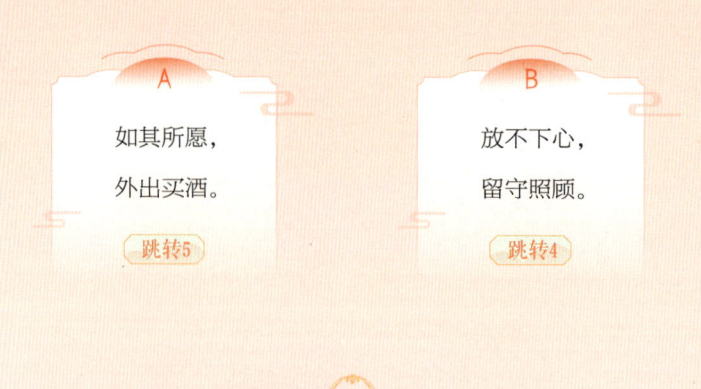

见你不肯赏脸，李白遂下了逐客令，将你驱至门外。

A	B
候在原地，希望能感动李太白。	天色已晚，四下转转另寻办法。
跳转6	跳转8

⑤

你步行半晌后总算赶在闭市前买到了整坛烧春酒。在这战乱年代里，什么郢州富水、乾和葡萄、齐地鲁酒……那是想都不要想，平头百姓只能买到店家的自酿。你拔脚预备返回，却见一众武侯沿街而过——糟糕，忘记唐朝有夜禁！

A	B
奈只能在城中坊内留宿一晚。	自认头铁命大，非要连夜回去。
跳转7	跳转8

6

一夜过去,你始终未被允许踏进茅屋半步,只得在院中凑合着休憩了一宿。天光大亮,你锲而不舍地拍响门扉,却久久无人应声。你心中起疑,遂破门而入。

却见李白伏在案上,已于醉梦中溘然长逝。

任务失败

《旧唐书·李白列传》记载:(李白)后遇赦,得还,竟已饮酒过度,醉死于宣城。

7

翌日一早,你急匆匆赶回去,却见屋舍外挤挤攘攘围了不少人,更有衙吏出入其间。一妇人撞见你,忽而惊骇地疾呼:"是他!昨日从李翰林家中逃遁之人就是他!"

你不明所以,稀里糊涂地被衙役五花大绑,慌乱间只听有人哭诉:"昨夜李翰林仙去了,好好的人怎么会醉死,定是被贼人所害……这人形迹可疑……实在不容放过……"

你百口莫辩,被差役抓进县衙大牢。

任务失败

8

唐律规定：日落后无论官民不得上街出行。到处溜达的你实在太过显眼，于是毫不意外地被巡查武侯团团围住，并被当场一通拳打脚踢后，押送武侯铺听候发落。

任务失败

9

还未睁开眼，耳畔便听到阵阵呼喝："船家！船家！"你迷迷瞪瞪地坐起身，才发觉自己身披蓑衣躺在船上，木舟系于河边，随波起伏颠簸。渡口桥头立着一人，暮色下只见其衣着素雅，虽是鹤发苍苍，仍难掩道骨岸然之姿。

那人想必便是李白。

你连忙起身作揖，问道："阁下可是要渡江？"

李白向你回礼，曼声道："船上可备有美酒？"

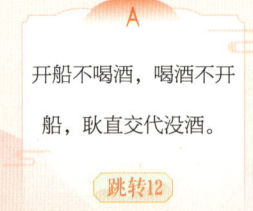

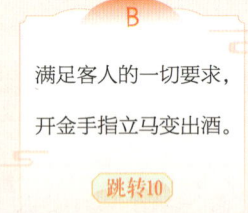

A
开船不喝酒，喝酒不开船，耿直交代没酒。
跳转12

B
满足客人的一切要求，开金手指立马变出酒。
跳转10

10

"采石矶上风雨多，全靠浊酒驱寒啊，"你笑道，"不过都是些俗品，恐难入喉。"

李白闻言扬声笑道："足下此言差矣！酒意在乎心意，心意在乎景意，你看这皓月凌江，烟波浩渺，岂不已醉了三分？"

你迎他上船，撑篙远去。你记挂着任务，暗忖既然要获其遗言，自当要热络些，就算不能深交，起码也得搭上话才行。

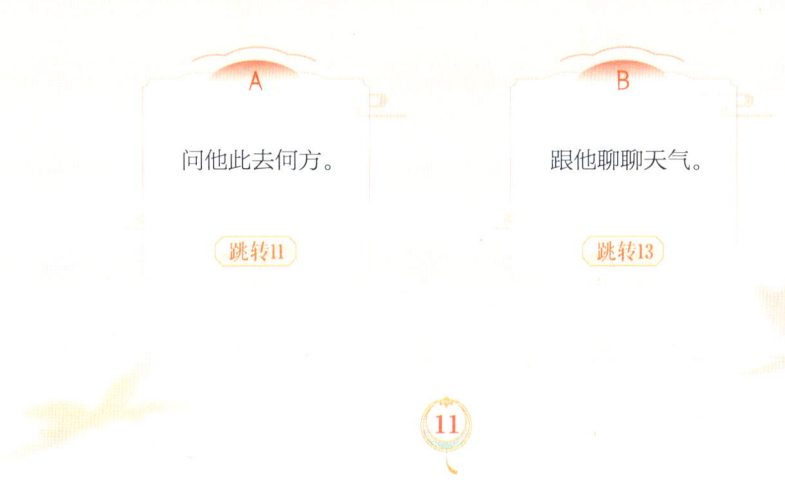

A
问他此去何方。
跳转11

B
跟他聊聊天气。
跳转13

11

"如今乱世离散，阁下渡江是要去哪儿啊？"你问道。

李白揭开酒坛上的封泥，仰首饮了口，叹道："无处可去，无处可去啊。"他看一眼水中月，兀自豪饮一口，揩掉须上残酒，叹道："兵戈抢攘，白骨露野，某空有报国之志，却明珠暗投……如今不过是浪迹天涯罢了。"

你暗叹造化弄人，李白自认有良相之才，却一生未得重用。安史之乱后他更是误投在永王李璘的叛军帐下，落得个妻离子散的下场。

A
主动搭讪，
聊表宽慰。
跳转14

B
默不作声，
继续划船。
跳转13

12

李白闻言,摇首咋舌道:"空有朗月,却无美酒,还有甚意趣。"言罢而去,直言:"乘兴而来,败兴而归。"

任务失败

13

诗仙腹中有锦绣乾坤,你一时口舌艰涩,生怕自己言语不当闹了笑话。眼看行程过半,你与李白的交谈还停留在"你好、谢谢、不客气"的寒暄上。可任务要紧,你只能把心一横,突兀开口:"阁下是否觉得,今日的风甚是喧嚣啊。"

立在船头的老人回首了看你一眼,衣袂纹丝不动。

幸而系统总会给你一些意外之喜,比如此刻,似乎是为了保全你的面子,江面上陡然狂风大作,波浪翻涌,隐有山雨将至之势。

"……看吧,快下雨了。"

顷刻间乌云遮天蔽月,如练月华消弭殆尽,李白负手长叹,诵了句"奈何天公不作美",便弯腰进了船篷。

你自知失言,一路无话将其送至对岸。

任务失败

14

"阁下切莫消沉。"你搜肠刮肚般的安慰他道,"昔年李太白有诗云'天生我材必有用',人生不如意之事十有八九,然而总会过去。"

老者听罢抚掌大笑:"你可知我是谁?"

你佯作不知,猜测道:"我看阁下身着宫锦袍,想必非富即贵。"

"差矣,差矣!"李白又拎起一坛酒,冲着虚空一举,仿似在同谁对酌,"北斗酌美酒,劝龙各一觞。富贵非所愿,与人驻颜光……"他仰头痛饮,恰逢一个浪头打来,枯瘦身形站立不稳,险些坠入江中。你急忙上前搀扶,却被他一把挥开。

"观心同水月,解领得明珠……"他喃喃自语,俯身伸手向水中一掬,却扑了个空,又问道,"船上可有笔墨?"

——来了来了!任务要成功了吗?

你连忙颔首,撒开竹篙去拿取笔墨,刚一折身,却听得一声长啸,继而水花涌溅,船身动摇。你猛地回首,目之所及哪里还有诗仙的踪影。

只见辽阔江面上唯余一轮玉盘似的明月,波澜跌宕,月影粼粼。

任务失败

> 五代王定保在《唐摭言》中记道:"李白着宫锦袍,游采石江中,傲然自得,旁若无人,因醉入水中捉月而死。"

15

你是被人踢醒的。

"莫睡了,警醒些,当心误了时辰!"

你龇牙咧嘴地睁开眼,只见一位小吏打扮的男人正横眉竖眼地俯视着自己,面前灶膛里燃着柴薪，其上还摆着一只陶罐。

"愣什么，县令遣你煎药，你却在这儿犯懒偷闲，还不快把药盛出来送给李翰林。"差吏粗声粗气地数落了你几句，径自往屋外去了。

你低头打量自己一身粗布衣衫的打扮，得，这回是个仆从。不过听口风，炉灶上这罐药是煎给李白的，那么衙役口中的县令，莫非就是李白的族叔——当涂县令李阳冰？

你立即手脚麻利地滤出药汁，捧着药碗行至廊房门外，刚要通禀，门却豁然洞开，一位鸠形鹄面却双眸烁烁的老者正巧与你撞上。

未等你开口，老者不耐烦地说道："某自知沉疴难愈，药石罔效，何必再请医问药？"

敢情这位就是李白了，不过瞧这精神头，不似病入膏肓呀。

A
如其所愿，端走汤药。
跳转17

B
好心规劝李白喝药。
跳转16

16

你并不退让，执意劝李白用药，生病吃药天经地义，哪有因为病势深重就破罐子破摔的？何况都是真金白银买的药材，自己辛辛苦苦熬出来的药汁。见你如此冥顽，老者接过药碗一饮而尽，随即拂袖而去，不愿再理睬你。

任务失败

17

你端走了药，却仍放心不下，遂折回厢房。李白搬了个小胡床坐在门前，正借着日光翻阅卷帙，可没一会儿便耷下眉眼，似是瞧不清纸上的字句。

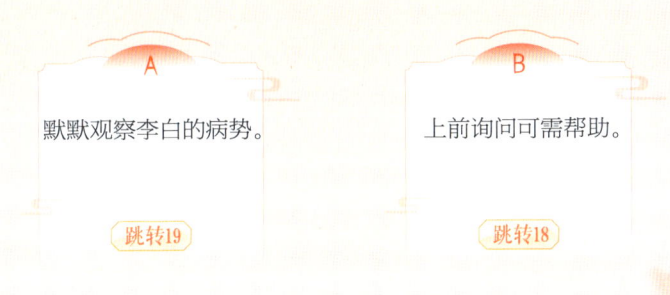

A
默默观察李白的病势。

跳转19

B
上前询问可需帮助。

跳转18

18

"阿郎要找什么？仆粗通文墨，或能相助。"

李白双掌扶膝，良久叹道："某大限将至，平生著述草稿万卷，却未及编修，时不我待矣！"其言悲怆，闻者动容。你望向滚落在地的书卷，但见一句"宣父犹能畏后生，丈夫未可轻年少"，昔年雄心万丈，如今却垂垂老矣，怎能不叫人叹息扼腕。

A
你能力有限，自知帮不上忙，只能弯腰将滚落在地的书卷一一拾起。

跳转19

B
你胸中感慨万千却不知如何表述，只能背出一些李白的诗句。

跳转20

19

你缄默地凝视着日薄西山的谪仙，他也曾"攀龙九天上"，却落个"良宝终见弃"。也曾想"诚节冠终古"，却无奈"翻谪夜郎天"。他是盛唐最绚烂的注脚，也是华厦倾覆下的累卵……

"又偷懒耍滑！"方才使唤你的小吏走了进来，对你喝道，"快去干活，休想躲着享清闲。"

李白沉浸在思绪中，并未注意到你，你只得跟着小吏来到马厩，撸起袖子体验了一把劳动人民的辛酸苦辣。

是夜，县衙中忽而灯火通明，你从草垛上爬起来，抓住奔走的小吏，问他何事惊慌。

"李翰林仙逝了！"那衙役眼中含着泪，不知是悲痛于谪仙的陨落，还是哀苦于盛世华章的彻底谢幕。

任务失败

20

"仙人抚我顶，结发受长生……知君幸有英灵骨，所以教君心恍惚。"

听到你的吟诵，李白竟然击节相和，双眸时而激愤圆睁，时而含笑微敛，仿佛有走马灯自他眼前闪过——金銮殿上下攀相迎的君王，沉香亭畔同花争辉的贵妃，梁园中结伴而行的故人，铁蹄下丧乱奔走的亲眷，浔阳狱里日夜思念的内子，流放路上死里逃生的狂喜……还有，还有……还有！

你见他站了起来，颤着手拿起笔，滴墨如血。

"大鹏飞兮振八裔，中天摧兮力不济。余风激兮万世，游扶桑兮挂石袂。后人得之传此，仲尼亡兮谁为出涕。"

"……此为《临终歌》……"

最后一笔落下，他怔怔然凝视许久，仰天长笑，忽又戛然而止。

你听到系统提示音响起。

任务完成

唐代李阳冰乃李白族叔，在《草堂集序》中记道："公又疾亟，草稿万卷，手集未修，枕上授简，俾予为序。"

获得李白的记忆碎片

x1

任务二：谪仙

仲尼亡兮，谁为出涕。

吾兄青云士

WU XIONG — QING YUN SHI

第三单元

「君子敬而无失，与人恭而有礼，四海之内，皆兄弟也。」

王昌龄，字少伯。

在失去孟浩然这位至交好友之后，王昌龄与李白相遇，两人一见如故，相谈甚欢，成为挚友。

孟浩然：？

王昌龄

杜甫，字子美，自号"少陵野老"。

杜甫钦慕李白，就如李白钦慕孟浩然一样，杜甫写给李白的诗，比李白写给孟浩然的还要多，唯一不同的是，杜甫对李白的仰慕收到的回应更多。

杜甫：原来你是我最想留住的幸运。

杜甫

贺知章，字季真，晚年自号"四明狂客""秘书外监"。

偶遇李白，被李白的文采折服，"谪仙人"称号创始人，李白事业发展粉丝会会长。

贺知章

LI BAI YOU REN ZHANG

孟浩然，字浩然，号"孟山人"。

是李白的偶像、一生追求的方向，是李白指路的明灯、引路的前辈。

孟浩然：挥一挥衣袖，不带走"一片"李白。

孟浩然

李白的友人账
YOU REN ZHANG

元丹丘，不知来处亦不晓归期，常年隐居于河南嵩山，与李白为至交好友。

元丹丘：人生一大乐事，和李白一起修仙，一起寻仙问道。

元丹丘

李邕，字泰和，史称"李北海""李括州"。性格刚直，因与李白吵架而成为好友，最终这件事成为坊间笑谈。

李邕：他吵不过我的。

李邕

阿倍仲麻吕，汉名朝衡（又作晁衡），字巨卿。

公告：@李白 太白贤弟！吾回来了！吾没有死！

阿倍仲麻吕

王昌龄·洛阳亲友如相问

文／梓归

天宝七载，王昌龄五十一岁，由江宁丞被贬为龙标尉，一纸诏书，千里路遥。而后听闻好友被贬的李白为他作诗一首，一时间这首诗以扬州为中心，以大唐为范围传唱开来。

他捻着薄薄一页纸，看着上头《闻王昌龄左迁龙标遥有此寄》几个字，竟还有一些不真实的感觉。

这诗，是给我写的！这诗，是李白给我写的！

他喜滋滋地抚摸着数十个墨字，忍不住让人拿了酒来喝两盅。

得，一喝酒就想李白了。

"我有一个朋友，你们应该都认识。"

"爱好？喝酒写诗。"

"志向？入仕呗。"

"是谁？你猜。"

"怎么认识的？……说来话长。"

唐朝注重门阀士族，王昌龄出身贫寒，大抵是少年时的耕读养成了他淳朴的品格，又或是二十多岁远行塞外磨砺了他带着锋芒的心性，即使他已名扬四海，也没能在朝堂之上大放异彩。

开元二十六年，也就是王昌龄四十一岁那年，他因罪被贬岭南，第二年玄宗大赦天下才得以回京。

记忆中那是一个幸福的秋天，在巴陵的小舟上，他遇见了一个非常有才的酒鬼。所谓缘分大抵就是，王昌龄看着小舟在水面飘摇，叹了一句："官场水太深，我要回农村。"

李白立马扒开了眼前乱糟糟的头发，双眼亮晶晶地看向他，试探着向他举杯："阁下可是同道中人？"

此时，王昌龄已经体会过了帝王无情，心中郁闷难当。李白在长安辗转数年，渴望入仕，可却久久无法被举荐。两人只稍说了一下自己的经历，就对线成功了。

从官场的尔虞我诈说到文人圈子的诗词歌赋，他们一见如故，一路畅谈，不觉间便到了分离之时。

王昌龄看着那飘然出尘的背影，忍不住喊道："等等……别走！"
他挥笔写下一首诗赠予李白，这便是《巴陵送李十二》。

摇曳巴陵洲渚分，清江传语便风闻。
山长不见秋城色，日暮蒹葭空水云。

只是以诗名来看，这首诗并不像初见所作，否则王昌龄应当写《酬太白巴陵初逢舟上见赠》才对。

他们的初见，或许在更早些时候。

李白是孟浩然的超级迷弟，曾说过"吾爱孟夫子，风流天下闻"，这可以算得上是高级的大胆示爱了。

而孟夫子曾在王昌龄被贬岭南时，写过一首《送王昌龄之岭南》。

作为时刻关注偶像动态的铁粉，李白自然是将"王昌龄"三个字用小本本记了下来。并且那是一个见面写诗、喝酒写诗、吃菜写诗、被贬写诗的年代，两位著名诗人的交集一定是必然的。

李白作品集的序言《草堂续集》写道："当时著述，十丧其九。"
也许他们初见之诗，正在那"九"之中。
可无论他们的初见是早是晚，总会遇见。

所谓交往，自然是你来我往。相识绑定好友关系后，李白也要给王昌龄写写诗。

王昌龄诗题中对李白的称呼是"李十二",是因为唐朝时人们会按照家族序齿[1]来称呼,由此可见这两人已经把家里做什么、有几个兄弟都给对方交代完了。

于是,李白提笔了。这一写,感情就出来了。

你且听这首《邺中赠王大》诗末所言:

我愿执尔手,尔方达我情。
相知同一己,岂惟弟与兄。
抱子弄白云,琴歌发清声。
临别意难尽,各希存令名。

王大,指的是王昌龄。在李白心中,王昌龄略长他几岁,却是可以肆意喝酒聊天的好朋友。

两人相交无关利益,无关仰慕,虽平淡如水,却甘之如饴,实为君子之交,神魂之友。

此之为"相见情已深、未语可知心"。

前文提起过,王昌龄一生都在利益场上角逐,却遭两次被贬。第一次被贬被赦时遇见李白,第二次被贬,便成永别。

他因"不护细行"的言论被贬龙标尉,从江宁富裕之地左迁偏远龙标。放在现在就是从南京市市长被贬到西南做县长,可谓是一落千丈。

王昌龄不甘心,因为他没有错。"不护细行"是指他不拘小节,明眼人谁不知这是强加的罪名。

不开心就写诗,他长叹一口气,一手提着酒壶,一手按着纸笔。

---

[1] 序齿:按年龄大小排序。

满腔愤懑后终还是那片高洁孤傲，他道："洛阳亲友如相问，一片冰心在玉壶。"

玉壶冰心，晶莹剔透的不仅是他的心，更是他与亲友的情。不仅是与洛阳亲友的情，更有与扬州亲友李老弟的情。

都是文人，你一张嘴我就知道你是仕途得意还是被贬了。

虽然古时候交通不发达，消息闭塞，可诗文它口口传唱传播广啊。李白一听就懂了，从江宁到龙标，一路上繁华变冷清，甚至初春都成了暮春。

李白自己想了想都感觉凄凉得很，他看着窗外风动花飞，年年如是，听着杜鹃啼鸣，声声泣血，竟也想起了自己那坎坷仕途，悲从心来，感同身受。

生而入仕，我很抱歉。

日落西山，月亮好似明镜高悬，千百年来亘古不变，无论身至何方，都能共赏这皎洁月色，李白便又想到何不将情托付给明月，让它随你直到远方，替我抚慰你的忧愁。

于是千年后的语文课本上出现了一首诗：

杨花落尽子规啼，闻道龙标过五溪。
我寄愁心与明月，随风直到夜郎西。

王昌龄知道这诗已经是许久后了，可他还是很感动，感动遇见，感动有你。

他想，若有朝一日能再相见，定要与李白共赏月色，不必寄情于月，而是当面高谈阔论，举杯欢饮。

他五十九岁那一年，打算离开龙标返乡，沉浮半生，白衣来，小吏去。自此不争那功名利禄，余生邀一二好友品酒作诗便足矣。

褪下官服冠履，满身风尘归乡，仿佛又是二十余岁纵马出那玉门关，看春风不度；百战黄沙穿金甲，楼兰未破身不还；三十岁进士及第，得偿所愿……

然而六十岁那年，王昌龄路经亳州，为亳州刺史闾丘晓所杀害，闭眼前的最后一刻，他看见明月依旧，高悬九霄。

那夜李白在月下枯坐了很久很久，他的愁心，再无法寄予明月，随风直到好友身旁了。

洛阳亲友如相问，一片冰心在玉壶。

贺知章：
Guren

金龟换酒，故人不归

文／梓归

谪仙人

天宝元年，李白获得"谪仙人"称号。

李白第一次见贺知章，内心除了激动还有些紧张。面前八十多岁的老头儿看起来再好说话那也是个大官，光禄大夫兼秘书监，少说也是个部长级别的。而他虽然名满天下，狂傲不羁，也不过一介布衣。四十几岁没有任何官职功名的李白小心翼翼地瞅着成功人士贺知章，还没等他递杯茶聊表敬意，贺知章先开口了："近来可有写诗？"

李白谦虚地拿出新作向贺知章求教，转头时仿佛看到老头儿的手抖了抖，再看那涨红的脸，他摸了摸鼻子。

不会吧不会吧，我的诗没那么气人吧？

他眨巴着眼睛心里一瞬间闪过 N 个片段，以前又傲又狂，写的诗总会得罪人，虽然这毛病现在也没改，但递过去的两首……等等，好像有个《乌栖曲》用了吴王西施来暗讽当今圣上和杨贵妃了。

呦呵，怕是要完。

李白的心理活动还在继续，就听见贺知章拍桌了！

他一掌下去桌上杯盏摇晃，李白就是心再大也有点慌。

没想到老头气势一转，长叹一口气："此诗可泣鬼神矣。"

李白也跟着长呼一口气："谬赞谬赞。"

您老再这样下去，鬼神不哭我都哭了。

贺知章随即拿起另一张《蜀道难》，这次李白没慌，他耐心地等贺知章读完，然后被喊了一声"老弟"。

贺知章认真地看着他道："李老弟，你不是人吧。"

李白忍住翻白眼的欲望，想说"你全家都不是人"。

没想到贺知章还有下文："这诗，不是我吹，只有天上的谪仙才能写出来。"

李白笑："哪里哪里。"您老才是神仙。

不知何处的酒香随风入室，撩拨着口鼻，"眼花落井水底眠"的贺知章发出邀请:"李老弟,一起去喝酒,今日我也要做酒中仙!"

李白接受邀请。

李白没想到,贺知章没带够钱。

诗人都是浪漫鬼,爱喝酒的诗人就是酒鬼加浪漫鬼。

要想豪情壮志,喝得酣畅淋漓,百杯十坛总得有吧。

贺知章和李白都是有头有脸的人,得喝好酒吧。

喝着喝着没钱了怎么办?李白想了想,自己出呗。

可贺知章请客,怎么能让客人出钱,就算是刚认的老弟也不行。老头儿一股子犟脾气,摘下腰间金龟甩给店家:"快上好酒!"

金龟!李白方才喝的酒醒了大半。那玩意儿是官员身份的象征,皇家御赐,按品级佩戴。常言中"金龟婿"的金龟,指的正是此物。

李白想着要不要劝一劝,可看到贺知章向他举杯,便一饮而尽,仰头而卧。

行乐须及时,老头儿人真不错。至于金龟什么的,明日愁来明日忧嘛!

金龟换酒,故人不归

贺·忘年之交·命中贵人·知章

天宝元年,李白获得贺·忘年之交·命中贵人·知章一枚。

李白曾经给玄宗胞妹玉真公主写了不少诗,也算是在上层社会留过名,加上有贺知章举荐,李白被玄宗亲自召见,降撵步迎。

他年少时仗剑出蜀,游八方诸海,览天地河山,加上才子光环,顺利成为翰林待诏,御用文人。

赐金放还

天宝三载,李白被"赐金放还"。

这注定是不平凡的一年,无论是对于李白还是贺知章。

此时贺知章已有八十五岁高龄，他老了，身子一日不如一日，多病缠身，决定辞官回家养老。

忆起往事，总是诸多感慨。

昔日带着李白跑遍长安酒坊的老头儿换了道袍，苍颜白发，当是有了几分仙人之姿。从前放浪形骸跟着贺知章"三百六十日，日日醉如泥"的盛名才子也不再执着于仕途。

贺知章，字季真，号"四明狂客"，又是要改行当道士，李白便写诗送他：

镜湖流水漾清波，狂客归舟逸兴多。
山阴道士如相见，应写黄庭换白鹅。

李白想，老头儿，我会来看你的。

贺知章走后不久，他便也离了长安。

帝王恩宠如水月镜花，总有幻灭的一天。

早在一开始，外来的李白深得玄宗喜爱，便让无数权贵感到不安。而李白满身傲骨，不攀附也不惧怕他们，这使得他们更为不甘。于是李白的狂傲之举被无限放大呈到御案之上，酒中仙的潇洒豪迈也成了罔顾王权。

李白逐渐被玄宗疏远，他愤然写下"风吹芳兰折，日没鸟雀喧"，不久后上书请求回乡，玄宗没有挽留，没有留恋，仅是顺水推舟，赐金放还。

悼亡诗

天宝六载，李白作悼亡诗两首。

李白思念贺知章，南下会稽，不远千里相见，却得知斯人已逝。

世间最远的距离莫过于生死两异，参商两隔。他哪里能想到，那次离别，竟是此生永诀。

来时满怀欣喜，不觉路途遥远。离时却是泪沾袍袖，衣衫尽湿。

酒入愁肠，李白蓦然想起初见时，那老头儿赞他诗可泣鬼神，他当即挥笔写下《对酒忆贺监二首》。

四明有狂客，风流贺季真。
长安一相见，呼我谪仙人。
昔好杯中物，翻为松下尘。
金龟换酒处，却忆泪沾巾。[1]

他抬头仰望蓝天，不知老头儿道士做得怎么样，如今是鬼是神，可当真会因他诗成而泣。

将进酒

天宝十一载，李白作《将进酒》。

推杯弄盏，正饮到好处，李白边吟边唱：

五花马，千金裘，
呼儿将出换美酒，与尔同销万古愁。

面前坐着的是岑勋和元丹丘，可他却分明看见了另一个人。

那老头儿当年用金龟换酒时也是这般豪爽风流，他将杯中酒倒在地上，以敬故人。

这次不再叫老头儿，而是在内心默默地应了那一称呼：

——老弟……

——李老弟……

"贺兄，贺老哥，下辈子我们还要一起喝酒。酒管够，钱也管够。"

---

[1] 注：此为其一。

李邕：
和李白针锋相对的那些事

文／顾闪闪

这是盛唐时期两位李姓天才双向奔赴、完成自我攻略的小故事。

李白的心声

我叫李白，一个标准的富二代兼天纵英才，自小家中便有花不完的钞票，摔不完的玉盘，且本人五岁诵六甲，十岁观百家，肤白貌美气质好，堪称碎叶一枝花，然而我并没有因为拥有这些而感到快乐。我只希望能够在政治上大展宏图，实现自己乘风破万里浪的崇高理想。

走开，你们这些聒噪的追求者，不要再烦我了！什么时候我才能遇到一位慧眼识珠的上司呢？

唉……

今天，年轻有为的我向渝州刺史李邕投递了简历。待会儿见了面，我们该聊什么呢？诗歌？辞赋？剑术？书法？聊修仙他会不会听不懂啊？

我准备好腹稿，坐在官邸中，耐心地喝着婢女上的茶，心里想着待会儿李邕要是也像益州刺史苏珽那样，瞬间崇拜起我来该怎么办，如果夸我夸得太厉害了，免不了还得回敬一首诗给他……正在这时，一位仆人客气地告诉我，李刺史这会儿没空，稍后将由他的下属宇文少府代他来接待我。

那一瞬间，我有点怀疑我的耳朵，再三向他确认："我是李白！李邕他搞搞清楚，来见他的是我，李白李太白！传说中的天选诗人！"仆人委婉地笑了笑，表示李刺史听说过我的名字，但我是很白还是太白和他都没什么关系，他公务繁忙，接下来还有一场大型签售会，说我如果有空，可以留下来观摩一下，不然他可以立刻给我派车护送我离开。

"哦对了，这是印有他画像的桃竹书简，您可以带回去作为纪念。"

竟然有人敢对我不屑一顾，从未有过的感觉！难道这就是传说中的幕后 boss？一定是的，像我这种生来便注定要名垂青史的神仙人物，对这种待我不假辞色、不加吹捧、不卑不亢、不要合影的普通官员简直毫无抵抗力！

决定了，我要给他写一首诗，流传千古的那种！

李邕的心声

我叫李邕，一个知名的官二代兼书法大家。每天一早醒来，都有几千个粉丝排在门口等着求我签名，几万个财团富商出资请我润笔。除此之外，我还养了两百多名门生打手，任我差遣，然而我并没有因为在本地只手遮天而感到快乐，我只想拥有一个同样高傲不羁的知己。

走开，你们这些甩不掉的围观者，不要再烦我了。我什么时候才能遇到真正的知己呢？

唉……

今天，仪表堂堂的我照常在府中办公，仆人来报又有求职者上门投刺[1]，还奉上了自己的作品集。苍天啊！每天我的刺史府外都有几千个这样的面试者，其中有几百个甚至是我的"私生饭"。谁知道这次来的，是不是又在馋我的颜值？我挥挥手，示意仆人留他喝杯茶就送客，过了一会儿，仆人面色有异地回到办公室，附在我耳边道："他说他叫李白。"

我还以为有什么事呢？不就是李白……等等，难道就是那个仗剑任侠的李白？那个神仙一样的天选诗人李白？！

我压制住内心的躁动，少年成名又怎样？我李邕也不

---

[1] 投刺：指投递名帖。

是等闲之辈。况且听说那个李白处世傲慢，平日最喜欢高谈阔论，我这样殷勤地去亲自见他，岂不是显得很没面子，让天下人给看扁了？

我思索片刻，道："我还要去参加签售会，让宇文少府先替我去会会他，看他是不是真像传闻中那么不可一世？"

我本来是想给他个下马威，先派人试试这个李白是不是浪得虚名，仆人临走前，我怕显得不礼貌，还将自己珍藏的桃竹书简取出，赠予李白。想不到仆人过一会儿就回来了，告诉我李白很生气，说他是正经的打工人，别以为有几两俸禄，就可以践踏他的尊严，现在这人已经告辞而去了，一刻都没多留。

"哦对了，他还写了一首诗给您，您可以留着作为纪念。"

我展开纸卷，只见上面龙飞凤舞地写着"上李邕"三个大字，旁边附有一首七言律诗：

大鹏一日同风起，扶摇直上九万里。

假令风歇时下来，犹能簸却沧溟水。

时人见我恒殊调，闻余大言皆冷笑。

宣父犹能畏后生，丈夫未可轻年少。

短短五十六个字，读得我心头澎湃，头皮发麻。

我不得不承认，李白，你成功引起了我的注意！

李白的心声

我想我可能是误会李邕了，他虽然有些高傲，但或许并不像我想得那么糟糕。

有一说一，他的书法水平的确称得上登峰造极，《麓山寺碑》和《法严寺碑》的碑帖我都亲眼见过,我叔叔李阳冰就曾当着我的面夸他是"书中仙手",连当今圣上都惊叹其翰墨之美。

但真正让我对他有所改观的,是他为人处事的态度。作为书法大家,李邕的爱慕者和模仿者如过江之鲫,但他却不止一次在公开场合表示:"似我者俗,学我者死。"这种狂傲的发言即便安在我李白头上,也毫无违和感。更重要的是,李邕这人天生便有几分匪气,与那些迂腐士大夫不同,特别讲江湖义气,这一点让我很是心折。

前段时间不是出了个大新闻吗?东海地区有一位勇妇[1]因仗剑为夫复仇,手刃仇人而入狱,事情一出,就有不少仗义之士为这位女侠鸣不平。照我看,这样英姿飒爽的女子,就好比秦朝哭倒长城的孟姜女,魏晋时为父报仇的苏子卿[2]。

我这人平时就颇有些愤世嫉俗,因而也没指望有人能理解我,但就在昨天,我竟惊讶地发现,这位东海勇妇被赦免了,不仅如此,朝廷还特别表彰她的义举,将她定为"天宝五载感动大唐杰出女性"。我一打听才知道,原来正是北海的李邕将此事上达天听,为她求情,才有了后来的美好结局。

这样一看,李北海这个人,还不赖嘛!

◈ 李邕的心声 ◈

子美又给我写信了,信封里还夹了首诗,打开一看,《东海有勇妇》——李白写的,写给我的。

我的心情有些复杂。

杜甫是我的好友,天宝四载,我与他在齐州相识,他三十三岁,我却已年近古稀。我们一见如故,无话

---

[1] 李白《东海有勇妇》。
[2] 一作"苏来卿",出自曹植《精微篇》。

不谈，很快成了忘年交，在历下亭中，我与他谈诗论道，一同宴饮高歌，仿佛又回到了青春时代。

酒过三巡，他忽然停箸，抬头问我："李公，您追星吗？"

随后，他便开始两眼发亮，滔滔不绝地开始给我安利他的"爱豆"，传说中的"诗仙"李白。杜甫为了邀我入坑，不光送了许多李白的诗作给我，还定期问我读完了没，搞得我有些尴尬。虽然他与李白的诗风迥异，但他似乎将李白看成了一生追寻的方向，他还时常与我感叹，只恨自己年纪轻，君生我未生，没能见到太白弱冠时的风采。

我该如何告诉子美，我不仅见过二十岁的李白，还无情地轰走了他。

从我这离开后的第五年，李白"仗剑去国，辞亲远游"，出蜀远赴中原，踏上了蹉跎而闪耀的仕途。他的那些狂傲而多情的事迹多少会传进我的耳朵里，到后来，想不听说李白也不行了，满街都诵着他的"君不见黄河之水天上来"，人人都会背他的"长安一片月，万户捣衣声"……

李白成名后，一定会在心里嗤笑李邕没眼光吧？我也不是没想过这个问题。但此时此刻，我在李白的这首诗中，却只读到了欣喜和赞叹。当年我一门心思想与他比一比，看谁能狂过谁，但今日看来，李白或许"狂"到并未将我的轻慢放在眼里，他的眼界远在山河寰宇间。思及此处，我又难免想起了当年他的那句"宣父犹能畏后生，丈夫未可轻年少。"

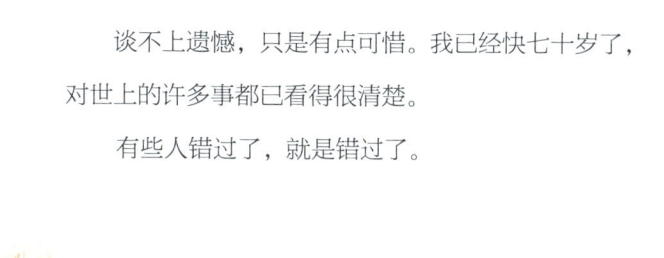

谈不上遗憾，只是有点可惜。我已经快七十岁了，对世上的许多事都已看得很清楚。

有些人错过了，就是错过了。

尾声

李邕死了。

武周时期，李邕尚还年轻，官不过八品，远没有拒绝李白时那盛气凌人的架势，但他已敢于当着满朝文武的面，和御史宋璟一起，弹劾武则天的宠臣张宗昌兄弟。当时人称赞他说，过去张易之弄权，人畏其口，而李邕竟敢折其角。

由此看来，李邕内心的高傲从未输于李白，只是表现方式不同罢了。

但这样一个人，却死在了奸臣李林甫的手里。

天宝六载，以李林甫为首的奸党在朝中横行，大肆排除异己，竟以"交构东宫"这等荒谬的罪行，将七十高龄的李邕"就郡绝杀"。此事一出，朝野哗然，甚至有人情愿为李邕去死，杜甫悲痛欲绝，控诉道："坡陀青州血，羌没汶阳瘗。"

那一年，一向浪漫达观的李白笔下，竟也流露出血染的悲愤之色，他在给朋友的书信中写道："君不见李北海[1]，英风豪气今何在？"

千年过去，斗转星移，一切都湮灭在黄土红尘之中，不知这两个因倔强而错失的灵魂，在九泉之下，是否能够互称知己。

---

[1] 李邕任北海太守，史称"李北海"。

孟浩然：世界上的另一个我

文／章仪

事实证明，若是行走在盛唐的浩瀚河山中，遇上个把名人还是随随便便的事，比如李白，就有亲身的体验。

那时李白刚二十来岁，意气风发地决定"仗剑去国，辞亲远游"。他乘船沿长江东下，离开故乡蜀地，一路上四处游览，遍访名迹。奇绝美妙的自然风光令人陶醉不已，青年李白也沉湎于其中。

快意出游之际，他挥洒就了"峨眉山月半轮秋，影入平羌江水流""山随平野尽，江入大荒流""飞流直下三千尺，疑似银河落九天"等或清新或壮丽的诗句。这时候，世界在李白眼中几乎充满了无限美好，也使他向其中投注无限热爱。

另一个惊喜也在这时悄然而至。就在游历途中，名气尚小的李白遇上了当时已负诗名的孟浩然。面对着年长自己十二岁的孟浩然，看着他潇洒风流的姿态，当时的李白，心中早已怀有钦慕之情。孟浩然看着风采俊秀的李白，一如他少年时的模样，所以也心生欢喜。

而同为游山玩水爱好者，"走起"自然也是必不可少的，二人一拍即合，此后几年里多次携手邀游，结为忘年之交。有一次二人同游黄鹤楼后，孟浩然又将要去往扬州一带。面临离别，那时年轻的李白虽则有些怅然却也无限向往地写道：

故人西辞黄河楼，烟花三月下扬州。
孤帆远影碧空尽，唯见长江天际流。

是啊！在这一派巍巍气象的开元盛世，又是生机盎然的早春三月，路途上想必有鲜花争相开放，鸟儿轻快啼鸣。生性浪漫的李白这样遐想着，直到载着孟浩然的船已扬帆而去，他还在江边远远地目送，直到船帆的影子消失在碧空的尽头。李白这才注意到，长江水向天际远远地流去，此时他应该已是凝望许久了。一场富有诗意的离别便演绎在李白的目光中。

而孟浩然呢？他的目光同样望向渺远的天际，望向他同样钟情的山水，再回望向目送他的小友李白，望向李白眼里昂然的少年意气。

开元十七年，夜。

孟浩然看着悬于空中的新月，清丽光辉将他手中的酒液映得波光粼粼，就像他曾经亲自踏访过的无数湖景。此时此刻，秋季的微风已带上了凉意，而他细抿一口酒，闭上眼静静感受着周遭秋月新霁之景。

觥筹交错间，其余的才子文人也已然兴致高涨，伴着酒兴你一句我一句地赋诗以继，不时还有精彩的诗句赢得众人连声叫好。这长安城的小小一处，因着一群诗人的往来唱和而显露出别样的盛唐气象。

在这热闹景象之中，孟浩然不由得又回想起科考不中的那段时期，心头涌上些难言的滋味，直到身旁人面带笑意地唤道："浩然兄，轮到你了。"

孟浩然听罢，也是笑着站起身，略想一下便朗声吟道："微云淡河汉，疏雨滴梧桐。"

当他的话音落后，原来满座的喧哗声也似乎在霎时停住了，人们纷纷对视，交换着眼中的惊喜之意。

"浩然兄此句清绝。"一人朝着他抱拳颔首，语气诚恳，"恕在下才学未至，无以为继，便就此搁笔了。"

此话一出，举座纷纷响应，众人放下纸笔，皆围到他身边交口称赞。人群簇拥中，孟浩然将先前复杂的情绪一并收好，只留下淡然又爽朗的笑容。

皓月之下，微澜的秋风将人的衣袍吹起小小的弧度，仿若山峦起伏，人同自然便这般巧妙地融合在清朗的夜色中。

这是开元十七年，孟浩然的四十岁，一句无人再接的"微云淡河汉，疏雨滴梧桐"广为流传，让他本就在诗界小有盛名的他名声大噪。

此番对孟浩然来说极为重要的人生一刻，后来在王士源所作《孟浩然集序》中亦有专门记载："间游秘省，秋月新霁，诸英华赋诗作会，浩然句曰：'微云淡河汉，疏雨滴梧桐。'举坐嗟其清绝，咸搁笔不为其继。丞相范阳张九龄、侍御史京兆王维……率与浩然为忘形之交。"

怀才不遇的孟浩然似乎迎来了人生的转机，他的才华将要得到重视，而他也将努力实现自己远大的抱负。然而，此后种种际遇却皆不如人所料。

尽管人生颠沛流离，但李白与孟浩然的交往并未断绝，在孟浩然暮年时，李白与其重晤，他依旧满怀热烈的仰慕，再作了一首《赠孟浩然》：

吾爱孟夫子，风流天下闻。
红颜弃轩冕，白首卧松云。
醉月频中圣，迷花不事君。
高山安可仰，徒此揖清芬。

《新唐书·孟浩然传》中曾载："采访使韩朝宗约浩然偕至京师，欲荐诸朝，会故人至，剧饮欢甚，或曰：'君与韩公有期。'浩然叱曰：'业已饮，遑恤他！卒不赴。'"大意为：采访使韩朝宗邀孟浩然一起到京城，打算在朝堂上推荐他。但恰逢孟浩然家里有故人来，二人饮酒作乐。有人提醒孟浩然与韩先生有约定，而孟浩然不悦道："已经喝酒了，哪有空闲管他！"于是他最终没有赴约。

对李白来说，孟浩然这样的率性洒脱、视功名如浮云令他深深叹服，同样生性潇洒的他自然推崇孟浩然高洁人格和风采。因此，李白借由诗歌表达的自己的钦佩，他直言：我喜爱风流之姿态天下闻名的孟夫子。少时，他能够摈弃功名不入仕途；老时，他能够在山野间坚定不移地隐居。醉后，他洒脱地流连花月之中。他的品性，令我生起高山仰止之思，我又怎能不敬爱呢？

开元二十八年，最后一次与李白相见后不久，孟浩然便因纵情宴饮，引发了背上毒疮的旧疾而逝世。李孟二人的故事似乎就此终结。而仅就流传下来的史料来看，有李白赠诗孟浩然，却不见孟浩然诗文中提及李白。有人常以此谓李白"单恋"，可或许这也是一种必然，难料的世事使二人精神上更深的交游还需后来的契机……

天宝初年。

李白终于等来了那只属于他的与众不同的机会，唐玄宗亲自点名征召他入长安为官。

那年，李白四十二岁。距离他自二十岁起就向圣上干谒上书起，已经过了二十几年，他终于还是等来代表着天子青睐的一纸诏书。想到自己的纵横之才终于能为国所用，他喜不自胜，挥笔豪情万丈地写下：

"仰天大笑出门去，我辈岂是蓬蒿人！"

他几乎是有些忘乎所以地踏上了前往长安的路途。他现在的意气风发，正如当年孟浩然以一句"清绝"的诗句名噪长安。

这二十多年来，李白虽然没有担任一官半职，而诗文之名早已远扬四海，人人都传他为"当代相如"，其才情不凡，可见一斑。因此，李白入京的消息，瞬间轰动了整个长安。

金秋时节，桂花飘香。李白就在这样一个浪漫的氛围中踏上了繁华长安的土地。在李白到达之日，万人空巷，百姓们都争相一睹那"当代相如"的风采。只见他精神焕发，目光炯炯，身骑高头大马，腰佩龙泉宝剑，周围还有一大堆他的小粉丝们高声欢呼。

他接受着众人的赞美，傲然地在长安城内游行了一圈，才入大明宫去觐见天子。换作一般人，是断断不敢如此的，但他是李白，他已是"谪仙人"了。而当年逾古稀的皇帝见到这位名闻天下的仙人时，不仅激动地扶起跪拜的他，还亲手喂他食御膳。

在长安供奉翰林的这段时日，他确实也过得如若仙人。

所谓"天子呼来不上船，自称臣是酒中仙"。一日，天子玄宗谱好一首乐曲，急召李白为其写词，可李白这时正醉卧在长安城某处的酒肆中呢。

那又如何？只见他被奴仆扶着，摇摇晃晃地便走入宫殿了。皇帝看他一副醉态，命人用水泼面为他醒酒。只稍稍清醒了一点，李白就这样醉醺醺地，执笔就是洋洋洒洒十余章乐词，而且文思精巧，中间不做一点儿停留或更改。

玄宗读之，大为惊叹，从此更为信任重用李白，酒中仙之名，不负虚传。在如明珠般璀璨的盛唐年代，在宫中摇晃地行着醉步的李白，随口纵情一啸，就是与时代合若符契的最强音。

然而命运依旧是让人始料未及的。

可叹，君王虽爱蛾眉好，无奈宫中妒杀人。李白在夜色中遥望这座巨大的长安城，无奈地摇摇头。

他一身傲骨，不愿在官场中与权贵们同流合污。但他放浪恣意于大明宫中漫步的身影，早就成了权贵们的眼中钉。随着他在玄宗处的地位渐渐高升，诋毁他的言论也甚嚣尘上。

时移世易，李白知道，他在这个地方是待不下去了。于是，他向玄宗上书请求将他赐金放还，早已听进旁人谗言的玄宗亦顺水推舟，同意了他的请求。

"安能摧眉折腰事权贵，使我不得开心颜"，在长安供奉翰林一年多后，李白再次启程，两袖清风地离开了。此时此刻，他回望自己曾经向往的都城长安，是否会想起曾经的老友孟浩然？

是否会想起他常挂在脸上的淡然的微笑，而再发现他眉间的褶皱。

是否会想起自己与他在山野名胜间恣意畅游，而突然捕捉到他投向北面的目光。

是否会想起同他最后一次相见时，自己却没有问过，他当年离开长安时，究竟是何种心情。

李白现在也年过四十，到了与孟浩然同样的年纪。他兴许终于惊觉，他倾慕向往的隐世清高孟夫子，实则一直在出世入世的矛盾中纠结。

此时此刻，李白走入与孟浩然相似的人生境地，他是否会慨叹，原来人生可以如此相似。

孟浩然说："吾与二三子，平生结交深。俱怀鸿鹄志，昔有鹡鸰心。"

李白说："大鹏一日同风起，扶摇直上九万里。"

孟浩然说："寄语朝廷当事人，何时重见长安道。"

李白说："客自长安来，还归长安去，狂风吹我心，西挂咸阳树。"

孟浩然说："不才明主弃，多病故人疏。"

李白说："我本不弃世，世人自弃我。"

孟浩然和李白都是大自然之子，山水之子，他们从山水中走来，也在山水中相识，而山河之大，二人能相遇，不能不说是缘分。但热爱着自然风光的二人，也同样向往着仕途，期盼能够施展才华，为天地立心，为生民立命，为往圣继绝学，为万世开太平。面对凡尘俗世，浪漫的理想主义同时在他们心中生发。

过往的种种交游只是一方面的志趣相投，精神的共鸣在阅遍人生无数时才终于谱成一曲知音。只可惜，这时李白与孟浩然已是天人相隔，李白或许终究带着复杂的遗憾离开了繁华的长安城。

但或许，李白也是淡然地笑着，再次投身于茫茫山河中，将浩然之气肆意挥洒。他想，如若再回到相遇那天，他还是会上前环住孟浩然的臂膀，爽朗道：

"浩然兄，我已仰慕你许久，不如同我一起快乐地游山玩水吧！"

小栏目

圈内产出大佬的马甲掉了

文/顾闪闪

孟浩然产出bot
粉丝 **20万**　关注 **12**

致力于分享一切与孟浩然有关的产出，所有产出都是为了表达对孟浩然的爱，谢绝吵架，请勿抄袭。

载初元年加入微博　信用较好

置顶

孟浩然产出bot
来自 大唐客户端　已编辑

这里是收集孟浩然产出作品的bot ❤。

欢迎投稿，bot会挑选优秀的产出作品进行转发，包括为浩然产出的优秀诗歌、文章、音乐、图画等。

只要内容够好，不介意多次投稿，多多益善！

请i浩们积极产出，投稿请注意格式。

孟浩然产出bot
开元二十八年正月初十 来自孟浩然的超话

时至今日，我也不装了，今天我要爆一个圈内惊天猛料。长久以来，bot每日更新不辍，直接导致众多i浩都以为自己待的是个烫圈，但实际上，这个号所发的投稿竟多半来自同一位匿名诗人！让我们为这位神仙热烈鼓掌！

转发 3542　　评论 5621　　赞 4.5万

张子容：真的假的？bot该不会是喝多了吧？我关注bot几年了，感觉投稿的质量真的不是一般的高，一开始我是奔着看同好表白浩然来的，时间长了都要被投稿人圈粉了。如果这些稿都是同一个人投的，那这个产出的量……只能感叹一句，做到这种地步，真爱和天才缺一不可啊！难怪我总觉得这些稿件的诗风都有种说不出的共同点……

王昌龄：震惊+1，我大胆猜测一下，难道投稿的是"那位"？

孟浩然产出bot 回复 @王昌龄：对，神秘产粮人正是传说中的李太白。

杜甫：双厨狂喜，喜上眉梢！

王维：剩下的投稿里有几篇是我写的[开心][开心]！

钱起：@王维 哇，捉到一位大大！

晁衡（大号阿倍仲麻吕）：这就是唐圈产粮的气魄吗？在下叹服。

孟浩然产出bot
开元二十八年正月初九 来自孟浩然的超话

【匿名投稿】

朔风卷雪纷纷扬扬落满吴天，雪沫更随北风远渡沧溟，浩然，你那里也下雪了吗？

阳春时节，梅树悄然绽放，为冬日增添了几分暖意，而皎洁的明月照在江沙之上，一色无尘。万籁俱寂，我不由得想起了王徽之雪夜访戴安道的故事，如此星辰如此夜，我又忆起了远在梁园的你。

还记得我为你唱过的那首郢中歌吗？《阳春白雪》，悠扬纯净，正如我们之间的友谊。

罢了，你要是忘了也没什么，我也不强求你记起，毕竟就连我自己想到这首歌都要伤心好一阵呢，我又怎么舍得你为此而肝肠寸断？

此处附《淮海对雪赠孟浩然》一首：

朔雪落吴天，从风渡溟渤。

梅树成阳春，江沙浩明月。

兴从剡溪起，思绕梁园发。

寄君郢中歌，曲罢心断绝。

转发 980　　评论 2460　　赞 3.4万

崔国辅：气氛忽然变得缠绵起来。

谢甫池：楼上，你不对劲，投稿人，你也不对劲。

孟浩然产出 bot：明天本 bot 要宣布一个惊天大秘密，现下已经有些按捺不住了。

钱起：@孟浩然产出 bot 搬板凳眼巴巴等。

张九龄：和 bot 打听一下，浩然的背疾好些了吗？麻烦帮忙叮嘱一下，得这种病千万不能吃海鲜发物，他这个人馋，不能惯着他。

孟浩然产出bot

开元二十三年三月初七 来自孟浩然的超话

【匿名投稿】

收到粉丝投稿的《黄鹤楼送孟浩然之广陵》：

故人西辞黄鹤楼，烟花三月下扬州。

孤帆远影碧空尽，唯见长江天际流。

听说今天浩然要远赴广陵，我心里十分舍不得，特地赶过去相送。我之前就与浩然见过几面，他真人特别有气质，比画像上还好看，本人一生孤傲，从没崇拜过谁，就偏偏喜欢孟浩然身上这股飘逸风流的劲儿。在黄鹤楼前，三月烟花下，我们互留了联系方式，约定有缘再聚。

望着孤帆远影消失在碧空尽头，长江滚滚不尽，我的内心也久久不能平静。

祝我爱豆前程似锦，希望他今后的日子，一直走花路吧！

转发 2万　　评论 2.3万　　赞 10万

孟浩然产出bot：这条突然爆了，明晚抽一个关注人，送孟浩然亲签，谢谢大家的支持！

崔国辅：投稿人有空可以和浩然一起来广陵玩，好客江南欢迎您！

韩朝宗：浩然不是已经答应我，要来长安的吗？我酒店都定好了，一票粉丝在门外堵着，怎么又转道广陵了？好气。

曹三御史：羡慕，我也想和浩然见面。

魏万：只恨自己没文化，一句"神了"走天下！这绝对是我本年度读过最好的绝句！

请问如何做好全职诗人

如题

文／顾闪闪

＃人际交往＃ ＃圈子＃ ＃诗人＃

在下大唐文青一枚，家有薄财，长安户口，适逢开元盛世，圣人鼓励诗文创作，深思熟虑后选择了全职诗人这条道路。

但真正开始全职后，我却发现自己的社交圈变得越来越窄，我晚睡晚起，越来越抗拒出门，甚至喜欢上了各色木雕小人偶，加上本人也算颇具本朝风格的标准美男，身材较为丰腴，时间长了健康也容易出问题。为了避免成为大家口中的肥宅，特来寻求解决之法。

敢问这世上真的有能兼顾好创作、社交和生活的全职诗人吗？他的生活模式是怎样的？

写回答　　邀请回答　　　　　　　　　　　收起 ∧

228 个回答

孔巢父
孔子三十七世孙，养生团体"竹溪六逸"成员

+关注

11586人赞同了该回答

　　谢邀！本人从事隐居行业，但写诗只是爱好，不是全职，不过我有一个朋友和你境况挺像的，你可以参考他的经历。他原来在朝中做公务员，工作蛮稳定，但不幸遭到小人谗害，再加上天性比较放荡不羁爱自由，厌倦了职场生活，就离开长安，开始了全职诗人这条路。

　　此人堪称社交界的一朵奇葩，业务能力极强。虽说"文无第一"，但推举他为唐诗界的天花板，肯定没几个人反对，分分钟下笔千言不说，这人平生最爱的便是游山玩水，足迹遍布整个大唐，交友圈可想而知。当朝圣人是他的粉丝，秘书监贺知章奉他为神仙，更不用说他平日里与孟浩然、高适、王昌龄等大佬的往来，三天两头便写诗互动，引发无数围观。

　　照理说，这种人一般都是长袖善舞、惯于逢迎的类型，但这位兄台却将潇洒肆意践行到了极致，曾有"贵妃研墨，力士脱靴"的奇妙经历，心气高得快上天，即便如此，倾慕他的好友依旧可以从夜郎排到蓬莱，可能这就是天赐的人格魅力吧。在下少时曾有幸与他加入过同一个社团，在徂徕山度过了一段美好的时光，我们与韩准、裴政等志同道合者一起畅游禹穴，泛舟镜湖，每日纵酒酣歌，笑傲泉石，怎是一句"浪漫"能概括得了的！不知他现在又吟游到了哪里，是不是又结识了新朋友？期待再度相见的那一天。

52条评论

高力士能有什么坏心眼呢：
　　阿嚏！人在花萼相辉楼给贵妃倒下午茶，没事勿cue，谢谢！

将进酒的元丹丘：
　　答主说的这位，莫非是我们所熟知和喜爱的李白大大？

孔巢父（作者）> 将进酒的元丹丘：

正是正是，没想到还是被认出来了。没办法，他太有名了，提真名怕人家说我蹭太白兄热度。

柠檬树下只有我：

孔兄，什么时候再见到李兄，替我问问他的近况，顺便要个签名，谢谢[1]！

孔巢父（作者）> 柠檬树下只有我：

好的子美，没问题子美。

崔宗之
秦淮河畔驻唱歌手，酒仙捕捉大师[2]

+关注

7788人赞同了该回答

提起李白，那我可就不困了啊！

或许在外人眼里，他是大名鼎鼎的诗仙，但在我这里，他就是个非常讲义气的好哥们儿，毕竟早些年我们可是一起在秦淮河畔组过乐队的。了解这个圈子的都知道，弹唱看起来仙里仙气的，实际上特别烧钱，我一介潇湘放逐臣，家底虽厚，每月拿到的生活费也很有限，多亏李白慷慨不羁，出手大方，又是租私人游船又是摆酒设宴的，将每一场演奏会都办得声势浩大。那些夜晚，我们在秦淮河上通宵达旦，纵情欢歌，留下了无数经典的诗歌作品，也吸引了大批歌迷，船过之处，两岸都挤满了人，他们举着写有李白名字和表白词的花灯，为我们打拍子助兴。

我觉得，优秀的诗歌作品离不开丰富的生活体验，就拿李白来说，他不仅仅是唐诗界的传奇，在现实中，他也是一位光芒万丈的巨星。没听过那句话吗——"大唐人口千千万，李白粉丝占一半"。有这样一位朋友，我感到自豪，最重要的是，我们是双箭头！知道李白衣带系的是什么吗？那是我的诗，我的诗！每当想我的时候，就可以拿出来看看，就像看到我一样……

---

[1] 杜甫《送孔巢父谢病归游江东兼呈李白》：南寻禹穴见李白，道甫问讯今何如？
[2] 崔成甫《赠李十二白》：我是潇湘放逐臣，君辞明主汉江滨。天外常求太白老，金陵捉得酒仙人。

62 条评论

柠檬树下只有我：

  宗之潇洒美少年，举觞白眼望青天，皎如玉树临风前！

崔宗之（作者）> 柠檬树下只有我：

  多谢杜兄，夸得我都不好意思了。

杠上开花丁十八[1]：

  李太白富二代石锤了！

崔宗之（作者）> 杠上开花丁十八：

  这有什么可锤的，谁不知道李白家是做外贸进出口生意的？纯纯的凡尔赛本赛。不然他怎么能从小就上那么多特长班？

阿倍仲麻吕
日籍留学生，李白海外后援会会长 　　+关注

5427人赞同了该回答

  我叫晁衡，来自遥远的岛国日本，我想没有人比我更有资格证明太白君在海外的人气。虽然他身在大唐，但他的魅力已经跨过了海洋，直抵吾等真爱粉的心中。读到太白君诗作的那一刻起，我就在心里暗暗发誓，一定要成为日本第一……不，天下第一的大诗人！但我没有想到的是，大唐No.1诗人的实力竟恐怖如斯，惊艳阿倍少年的不过是太白君的一首酒后戏作，比它更杰出的佳作还有百首千首，不愧是大唐天才，写诗的质量和规模也是大唐级别的。但我不会放弃的我一定会追上你的，绝对！

  我远渡重洋，来到了长安，成了中日文化交流的一只小白鸽。在这里，我见到了偶像太白君，排队参加了他的握手会，并代表广大海外粉丝送上应援服一件。令我没有想到的是，太白君没有半点架子，亲切地拉着我的手，向我询问日本的风

---

[1] 出自《醉后答丁十八以诗讥余捶碎黄鹤楼》。

土民情以及有没有特产的美酒佳酿，我心中的激动再也无法抑制，当即决定在大唐定居，连自己的中文名字都想好了。

　　天宝十二载，我的绿卡到期，本人不幸在返乡途中遭遇了海难，安全着陆后，我才得知了太白君误以为我去世的消息，他甚至还特地为我写了一首诗。

　　虽然这种获得偶像赠诗的方式实在清奇，不过我还是感动得不得了。强大如太白君……也会为我这样渺小的异国遣唐使担心吗？原来外表冷峻的太白君，竟然是个格外温柔的人呢。呐，这样的我，也可以成为太白兄的朋友吗？

---

34 条评论

郭子仪：

　　这个外国人好吵。

柠檬树下只有我：

　　难道全天下就只有我杜某人还没有李白大大的赠诗吗？心疼地抱紧瘦瘦的自己。

阿倍仲麻吕（作者）> 柠檬树下只有我：

　　抱抱，会有的。

郭子仪
稳得住关中，平得了安史之乱，却摆不平家务事

+关注

6389人赞同了该回答

　　如果你们以为李白人缘好，靠的只是才华和财力，那可就大错特错了。

　　行走在民风豪迈的大唐，最重要的是什么？义气啊！"十步杀一人，千里不留行。事了拂衣去，深藏身与名。"读过李白诗作的人应该都知道，他是位极富侠气的文人，自幼学剑，身手不凡。少年时，他酷爱斗鸡，斗鸡场上胜负无常，难免会有些摩擦，某天就有一伙地痞流氓聚在街角想要堵他，怎料得李白一出手，打翻拦路狗。他虽身长不满七尺，剑术却分外了得，流星白羽腰间插，剑花秋莲光出匣，登时就把那些人吓得作鸟兽散。

当然这些口说无凭，但有一件事肯定是真的，那就是李白曾救过我郭子仪的命[1]。昔日，他游历并州，适逢我犯法被拘，李白见我面貌奇伟，日后定有大成就，便施以援手，救我脱罪。从此我便在心里暗暗发誓，以后若有机会，一定要好好报答他！试问如此慷慨仗义，路见不平一声吼，该出手时就出手，天下还有哪位文人做得到？

58条评论

阿倍仲麻吕：

　　不愧是偶像，好帅，撒花撒花！［星星眼］

桃花潭潭主：

　　撒花+1！

一代大侠陆调 > 郭子仪（作者）：

　　我不知道李白是怎么跟你吹的，但那伙地痞流氓是我打散的，也是我把他从北门搭救出来。不过他过去曾当过游侠，还手刃数人这事倒是真的，大家理智吃瓜就好[2]。

郭子仪（作者）> 一代大侠陆调：

　　嘘，不要太在意那些细节。

诗仙金陵后援会　　　　　　　　　　　　　　　　+关注
秦淮纨绔聚集地，有钱只是我们的保护色

2467人赞同了该回答

不是我们地图炮，要不然怎么说五陵的富家子弟远远比不上金陵子弟？说白了，还是文化底蕴不够，提到咱们，多说是纨绔，到你们就成为流氓的代名词了。在咱们圈子里，李太白那可是神仙一般的哥哥，记得那年风吹柳花，满店酒香，李白第

---

[1]《新唐书·李白传》：初，白游并州，见郭子仪，奇之。子仪尝犯法，白为救免。至是子仪请解官以赎，有诏长流夜郎。

[2] 李白《叙旧赠江阳宰陆调》：我昔斗鸡徒，连延五陵豪。邀遮相组织，呵吓来煎熬。君开万丛人，鞍马皆辟易。告急清宪台，脱余北门厄。

N次来到偶像谢朓的故居打卡，听到这个消息，全城的少年都疯狂了，一拥而入，抢着要给李白斟酒道别。酒都敬到嘴边了，焉有不喝之理？况且店中还有胡姬美人相伴。不仅要喝，更要喝个痛快，只见李白将杯中酒一饮而尽，铺纸提笔，挥毫写下一首《金陵酒肆留别》。

风吹柳花满店香，吴姬压酒唤客尝。

金陵子弟来相送，欲行不行各尽觞。

请君试问东流水，别意与之谁短长。

酒过三巡，信笔成诗，就问你们羡不羡慕？这可不是传闻，那首诗至今还在我们后援会的墙上裱着呢！

537 条评论

五陵斗鸡协会：

强烈谴责这种人身攻击行为！你们爱李白，我们爱斗鸡，互不干扰，圈地自萌。

诗仙金陵后援会（作者）> 五陵斗鸡协会：

说得好听！你们都要组团揍我们爱豆了，还不准我们吐槽两句了？

柠檬树下只有我：

亲亲，求问该怎么蹲到李白大大的赠诗？这里求了好久都没有结果，急！盼详谈，见面吃饭我请客。

诗仙金陵后援会（作者）> 柠檬树下只有我：

李白大大赠诗的名额确实比较少，能不能抽中全看玄学。但我觉得也不算很难拿到吧？这里安利一个小技巧。兄台可以拿出一笔款子，购买十坛佳酿，揭开泥封，放置在家门口通风处，不久太白兄定会"偶然"途经于此，与兄台一见如故，三杯两盏下去，便互称知己，到时求五六首赠诗还是难事？

柠檬树下只有我 > 诗仙金陵后援会（作者）：

还有此等妙计？码了码了，这就去试！

桃花潭潭主
泾县山庄正在招商引资中，欢迎来函

+关注

7230人赞同了该回答

在下汪伦！说起钓诗仙的方法我也能分享一种，亲测有效！

楼上的答主们非富即贵，邂逅大诗人的机会当然不会少，而鄙人只是泾县一名普普通通的退休县令，想要引起李白的注意自然是难上加难。机会不能靠等待，为了实现见诗仙一面的梦想，我特意制定了一系列公关策略——首先，我从南陵叔父那儿详细地打探了李白的爱好。

叔父："李白是富养长大的男孩子，要想打动他，光靠钱是没有用的。"

"您说得太对了，况且我也没有钱。"

叔父："像李白这么浪漫的人，恐怕也只对三大件感兴趣了。"

"戒指、耳环、金项链？"

"呸。"叔父瞪了我一眼，"说的是桃花、美酒和歌舞。"

"如果我告诉他，我这里有十里桃花、万家酒店和皇家梨园水平的歌舞，你猜他会不会心动？"

叔父默默地看了我一会儿，道："你指的是你身后这道水沟和我们村头的小卖部？"

不出我所料，李白果然上钩了。

他站在我身边，先是低头看了看脚底下的桃花潭生态水沟，然后回头瞅了眼身后的占地一间房的"老万家大酒店"，最后将目光锁定在了我身上。

"正如您所见，十里桃花（潭），（老）万家大酒店。"

"那皇家梨园歌舞呢？"李白问我。

"不才恰好毕业于皇家梨（树幼儿）园，现在将要为您展示一段踏歌表演。"

李白二话不说，乘舟将欲行。

"注意您的偶像包袱，您现在要是甩手不干，可就太掉价了。"我一把拉住他，用眼神传达了这一信息。

李白干笑着在我的搀扶下，度过了愉快的一天。从他下撇的嘴角，我可以判断，他肯定下辈子都不想再去网红景点了。

李白走了,我追星的心愿也实现了。临行前,李白赋诗一首,我对叔父说,桃花潭旅游景区即将要火起来了。

叔父不屑道:"你那几个伎俩,只能蒙蒙李白,别人谁会信呢?"

我笑而不语,将之前的三条宣传标语揭下,换成了那句"桃花潭水深千尺,不及汪伦送我情"。句末大大地注上了两个字——李白。

49 条评论

郭子仪:

这年头的县令,果真个个都是人才,发展旅游业和追星两不误。实现自己愿望的同时,还给当地旅游业省下不少宣发经费[赞]!

诗仙金陵后援会:

太心机了,我有理由怀疑你根本不是真爱粉,你只是想红!

孔巢父:

感觉大家讨论的走向越来越奇怪了……

高适:

唉,我的子美呀!我叮嘱过你,少和李白一起玩,他这个人是没有政治头脑的!

吐槽群星大会

文／明戈

主持人："欢迎大家来到我们这期的吐槽大会，今天的主咖是天下第一诗仙，大唐第二剑客，粉丝千万的青莲居士——李白大大！"

李白微笑示意。

主持人："那么首先要上来吐槽的是诗佛王维，大家掌声欢迎！"

王维一撩袍子，轻哼一声，迈着六亲不认的步伐昂首走上了台。

王维（阴阳怪气）："呵，也不知道是什么世道，这种没有礼数不入流的人也能当主咖了。"

李白："哈？！"

主持人："王维大大请按脚本走，下台再论私仇。"

王维一甩头："行吧。今天我就来好好骂……不是，吐槽一下李白。这个李白，真的是文坛的一大污点，行为不检点得很。你说平时爱喝酒也就算了，既然入了皇宫当官，那就得收敛一下，怎么还像个酒蒙子似的呢？身为人臣，就要兢兢业业，时刻保持清醒，想着为皇上出力。再看看他，皇上喊他'李白啊，来做首诗吧。'结果一回头，这厮正踩箱喝，对瓶吹，高喊自己是酒中仙。我真是笑了，几个菜啊？喝成这样？

"不仅如此，还让贵妃给他倒酒。依我看这可是活腻歪了，皇上的女人都敢使唤？不懂得礼数吗？这不算完，还让高力士给他脱鞋。虽说他是来自碎叶城，不过保不齐有香港脚。而且于情于理，大庭广众之下让别人给自己脱鞋总归是不礼貌的。你们说说，就这种人，配当主咖？

"再看看我，诗书画乐样样精通，气质卓越名满天下。李白那年来拜访我，我门都没给他开。后来这厮还想勾搭走我的孟浩然，我呸！当然，咱也不是踩一捧一，这都是些铁骨铮铮的大实话。我摊牌了，我才是真正的主咖。"

李白（拍桌）："我那叫不检点吗？我那叫潇洒！要说不检点，我比得过柳永？"

柳永："啥？"

李白："反正我不退，尔等终究为副咖。"

王维咬碎后槽牙。

主持人连忙控场："那个，节目还要继续，让我们有请下一位来宾，诗王白居易！"

白居易持扇上台，向大家挥手致意。

"对于李白来当主咖，我是没什么意见的。毕竟人家诗写得确实好，出场费也确实是高。观其一生，诗酒风流放荡不羁，没什么缺点。就是命短，死忒早了。另外一个呢，就是太能装。

"不过李白的装，是到了一定境界的，一种高级的装，摆脱了低级趣味的装，就是我们俗话说的，神级凡尔赛。比如先是说不爱当官——哎呀那玩意，当不惯当不惯，我要寻仙到老，倚剑横四海浮八荒！

"然后 HR（人事）一通知可以来上班了，直接嘴乐到后脑勺，喊着仰天大笑出门去，我辈岂是蓬蒿人就飞进宫了，还装作一副——没办法，才华挡都挡不住，是凤凰，命里注定要离开鸡群的姿态。结果怎么样，没过两年就被遣返了。回来后还潇洒一笑，摆摆手——害，我自己辞的官。谪仙人怎么能在金丝笼里待着呢？安能摧眉折腰事权贵？

"要我说，太白您这腰弹性真好，能屈能伸可折可直。您不应该叫谪仙人啊，应该叫折叠人。"

李白:"导演呢?谐音梗是不是该扣钱?"

白居易:"我怀疑你在借谐音梗撒气。"

李白(拍桌):"我这么大度可能吗?"

主持人(努力提示流程):"白居易大大这边下台,我们继续哈,接下来上台的是诗圣杜甫!大家掌声欢迎!"

杜甫从李白边前走过,苦大仇深地瞟向那瓶酒。

杜甫(捋了捋胡子):"咳咳,我来说两句。"

李白:"呀嗬,老干部来发言了?"

杜甫没接茬儿,继续道:"某些人啊,拿犯傻当潇洒,身体都什么样了还在喝,自己怎么死的不知道啊?好了,我们言归正传,刚才是个现挂。首先,我承认李白诗写得确实好。虽说和我这个严肃纪实文学的忠实爱好者诗风不同,但那也的确是好,否则我也不可能上赶着给他写了十五首诗。不过后来,我发现了他写诗的套路,那就是吹,往死里吹,抡圆了吹。"

"什么'笑尽一杯酒,杀人都市中',什么'十步杀一人,千里不留行',你看看,多威风啊。结果那次在长安和一伙斗鸡的发生争执,人家都把他欺负成那样了,他拿着剑就是不动手。最后还是人家陆调叫来宪台把他给救了出来。白哥,我倒是想问问你,怎么不杀了呢?是不喜欢吗?"

李白:"法治社会,能吵吵尽量不动手。"

杜甫(继续捋胡子):"还有,白哥非常喜欢修仙,甚至到了狂热的地步,基本遇上个山就得看看有没有仙人,仿佛仙人平时不在天上,都蹲在山里当护林员。更过分的是他自己修就算了,还要拉着别人一起修。那年我认识他没多久,他就说,走啊老弟,带你去修仙。我当时哪想那么多,看他一副'跟我走,全都有'的架势,就被忽悠上了贼船。本还以为他就是带我们轻轻松松爬爬山,结果呢!"

杜甫(气到咳嗽,胡子尖发颤):"左一趟右一趟地遛我跟高适。一会儿说这儿有仙人,一会儿说那儿有仙草。我一个身体强健的小伙子,生生被累出腰肌劳损,更不用说比我年纪大的高适了。更何况,我又不是个闲人,我可是放下了正经事业过来的。结果忙活了一整年,啥都没找着。甭说仙人了,连个鬼都没有。哦也别说没有,我和高适下山的时候,活脱脱两个饿死鬼。"

李白(尴尬):"这……谁能证明……"

高适(含泪):"你当我是空气吗?"

主持人拿过话筒:"大家下台解决恩怨哈,接下来是最后一位吐槽嘉宾,李白的挚友和道友,元丹丘!"

只见一仙风道骨、墨发高束的美少年走上了台。

元丹丘:"关于杜甫刚才说到的修仙问题,我来解释一下。"

李白:"对,你快帮我说两句!"

元丹丘(微笑):"个人行为,不要上升修仙本身。"

李白:"……"

元丹丘:"阿白这个人,我最了解不过了。他虽说在文学方面是大学霸,但其实在求官这方面,就是个差生。还不是那种啥都不会的,是那种老师最烦的一瓶子不满半瓶子晃型。什么意思呢,简单题不稀罕答,难题又不会。阿白也是,小官不稀罕当,大官又当不上。我让他老老实实和我在山里修炼,早日成仙,结果人家身在曹营心在汉,天天悄悄写求职信。

"既然人家想当官,那做朋友的也得支持。话再说回来,作为一个打工人,写求职信的时候客气一点,人家才会聘,对不?我都告诉他好多次了,他就是不听。信里的简历弄得乱七八糟,还带着吹嘘成分。结尾更是了得——你留我不?我再问一遍你留我不?行,你要是不留,我就走!

"这是求职信还是恐吓信啊?你当大唐集团是你家开的?"

李白(拂袖而起):"走了!不录了!"

主持人:"别啊,怎么走了?"

李白:"伤自尊了!"

主持人(跑下去追李白):"导播!赶紧进一段广告!"

主持人:"李白大大你倒是等等我……太白啊!白白!我留你还不行吗?"

任务二：盛唐

文/陈归

已完成

点击进入任务

请先完成上一任务

1

还没有等到新的任务，你无趣地踱着步，发现脚下有什么东西。

拾起一页纸，上书几行字。"我乘舟往岳阳，洪浪阻路，舟中大梦不起，无人为我泪满襟。而漂泊此路到了尽头，当家国天下民生疾苦都散尽，我心里犹有一场回忆，那时牡丹花盛放在洛阳城里。"

所以新的任务是……

> **主要目标**：和李白成为挚交好友
>
> **任务提示**：执行人将穿越进杜甫的身体里

任务开始

2

一如既往没什么预兆，睁开眼就置身系统的世界了。

脑子里的信息告知你，这年是你刚娶妻的时候，少年意气，一意求功名。初次失意落第后便日日苦读，为了下一回的科考。

你就是在这时候遇见他的，洛阳城牡丹香放，他轻裘纵马游历至此地。

这就是素闻大名的李白——几个月前潇洒辞别都城、弃官不做、游历山河的李白。

你摩拳擦掌：

A
如此良机，
上前与李白打招呼。
跳转3

B
贸然相遇，
还是谨慎些别上前。
跳转4

与他见面之后，你怀着崇敬的心思小心翼翼地向他介绍了自己，期盼着能有机会与他多说几句，听他诗酒快意的言语，聊慰你一向对他诗文的崇敬。

"哈哈哈哈，子美贤弟，久闻大名。"

虽然知道李白一向豪放，你还是有点讶异，没想到你还没反应过来，他便牵马前行邀你同路："白虽识人不明，可认诗人却准。既然相逢，不如共饮一番。"

你自知才疏学浅，怎么可能担得上他的"久仰大名"，只是跟着他快步市井，寻访酒家。

在酒店里落座之后，你问："早听闻太白兄四处游历，没想到能在洛阳一见，实在是杜某之幸。"

李白只是一摆手，扬起酒壶为你们面前的酒盏斟满，举杯道："既然是缘分，子美当饮尽此杯。"

你心中犹有激动之情，他的模样并没有半点初见的生疏，倒消减了你许多不安，举杯一饮而尽，却听到他爽朗笑声："子美何必如此紧张，白非妖魔，怎么子美喝酒的手都在抖。"

你脸色一红，他又道："会当凌绝顶，一览众山小。子美有这般豪情，如何在你这儿反倒扭捏了！"

你于是更加羞赧了，其实不是拘谨，只是因为不知道用什么话题来搭讪拉近关系才好。

他卸下配件拍在木桌上，琥珀色的酒液溅洒些许，他换了个舒服的姿势靠在桌上，爽朗大笑道："何必拘谨，当不醉不归！"

酣饮尽兴，他就辞行要离去，你看他满面酒意，走路都摇摇欲倒的样子，很是放心不下，于是道："太白兄，路上小心……"

他不在意地翻身上马，迷蒙着眼往前几步，哐当撞在一旁酒家的青旗上，打落一片尘灰。你想劝他停下，可他两眼一闭就落下了马，你急得慌忙去扶，好在太白兄的马通得人性，不曾将马蹄踏上来。李白不省人事地瘫在你怀里，沉重的身躯显然不是清醒的征兆。

A 大好的机会，把李白带回家。 跳转5

B 刚认识不久，扶起来就离开。 跳转4

4

李白游历山河，四海为家，这次见面本是偶然，既然错失，自此天涯陌路，再未重逢。

任务失败 擦肩而过

5

太白兄在第二天日上中天的时候才悠悠醒转，仆人为他准备了食物，他毫不客气地吃饱喝足，走到你书房向你道别。

A 挽留他。 跳转6

B 随便他。 跳转11

"太白兄游历四方，我本不该阻拦，只是今日与好友达夫相约秋日同游，他早也仰慕太白兄许久了……"

"哈哈，岂有不来之理！我本野鹤之人，在哪不是游历呢。"

高适见了李太白时的情感与你如出一辙。太白兄生性随和喜与人交，围猎场上三人策马追逐时，你一点也不觉他年长十岁有余，长安的风雨没有在他眉目间落下一点沧桑。

夕日欲颓，众人挥洒尽兴了，就生火来炙烤猎物，围火相谈。

谈诗、谈文、谈天下。

"陛下用七宝床赐食于我，亲手调制羹饭，哈哈，"他酒劲上来，信口胡言，"不过那菜色不过如此。"

李白真是太强了……你暗暗感慨了一句。

"我陪陛下行乐宫中，陪贵妃同赏兴庆牡丹……贵妃娘娘，实乃国色天香！"

"云想衣裳花想容，春风拂槛露华浓。"虽然你没有见过杨贵妃，但你几乎能想象到她的倾城之貌，听着李白的言语，甚至感受到了这具身体里灵魂的向往，向往着遥远的都城里宫城里的生活，渴望着有朝一日成为庙堂之上一员，上达天子，下察百姓。

"可我怎是玩物，陛下爱听我作诗，命我随宴伴猎处处玩乐，这难道是白献赋为官的初衷吗！"

"我有黄河之才，岂甘为小溪之功！"纵然知道太白兄放浪形骸，可这样直接地抒发大材小用之情，你还是有几分讶异，但更多的仍是惋惜。

你感受到自己对李白终究了解太少，忽然察觉了任务的艰巨。

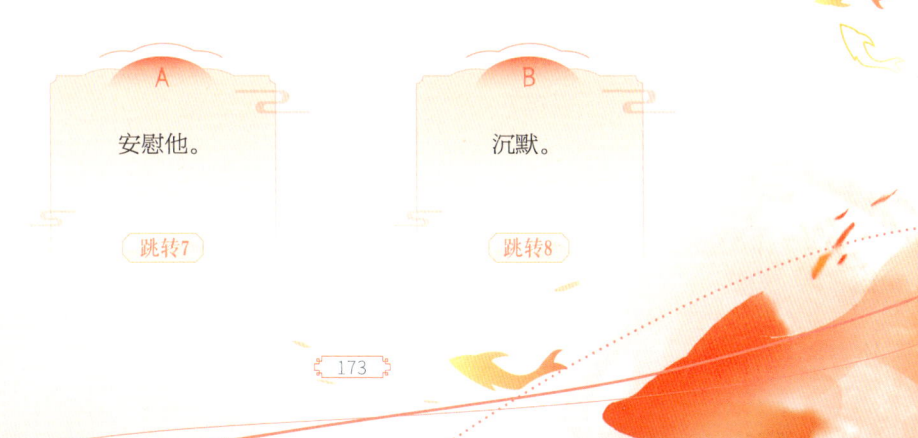

A
安慰他。
跳转7

B
沉默。
跳转8

173

7

获得成就卡
探心弦

"天妒太白，要白兄只作诗中仙、酒中圣，哪能被这俗尘凡事所扰呢！"

高适忙着在烟熏火燎里烤着野味，太白摇着酒壶放声高歌，隔着摇曳明灯，你好像看出他眉目间的一些愁绪，碎在紧蹙的眉头里，那仿佛不是他会有的神采。

原来潇洒如李白，也有着抛不开的羁绊。

跳转8

8

李白再与你道别，但你知道重逢之期不远。他要往山东去访仙问道。

"被你绊了这么久，我都玩倦了。"

你知晓他在玩笑，但仍有些不舍，踟蹰再三却不敢再问，难道真的无所希冀了吗？如此天降大才，从此就交付回造化，不能为生民谋福了吗？

A
质问他，希望他和你一起重返仕途。
跳转9

B
顺着他，认真和他告别并表示志向。
跳转10

9

你这样想着，也问了出来。

"白兄，并非穷途末路，为何不与我同去，再一探春榜争魁，说不定还是会挣出一片天地呢。"

174

李白牵出笑意，藏进了很多苦涩在里面，他无言地摇头，并说："子美，你不懂。不过我还是愿你永远不会懂。"

你不知李白所言究竟是什么，心中有所感伤，但也只得与他作别。

跳转11

10

获得成就卡

窥心境

"家父曾在兖州就任数年，来日得缘与白兄再见。"

李白慰而一笑，你们俩浩然作别。

跳转11

11

这些时日你仍埋首书册，不理窗外杂事。直到又是秋风乍起，才想起去年今夕，与白兄把酒闲谈，作诗切磋的日子。特意打探来的细碎消息里，你得知他已访求正道，造了真箓，真正成了闲云野鹤的道士。

虽说你顺着剧情安排认认真真读了一年书，但是这一年过去了，任务没有一点进展，最后你决定还是主动出击。

于是在东鲁之地，你与高适一同，又与李白再见。那时候的他仍风骨飘然，你们三人寻仙问道访遍世外高人，看万里风云眼前聚散，诗心一动，就拈来满纸诗篇。

李白的诗是天地神秀所化，有超脱物事之外的瑰丽豪气，让你时时为之心颤。

你发现要完成任务很显然要多和李白接触接触，所以再次重逢，你将高适抛之脑后，只有你与李白二人。

李白笑着嘲讽要做防晒的你："饭颗山上绿树成荫，子美尚且要戴帽来遮阳，扭扭捏捏，我当作诗一首来笑一笑你！"

你早已不如初见时那样拘谨，不依不饶地反驳道："我本要读书考进士，将来做官报效天下的，被白兄拉着游山玩水日日饮酒放浪，不知道荒废多少日子，如今还要嘲讽于我，我岂不也该回诗与白兄。"

你垂首蘸墨苦想，没见他久久凝滞的眼神和若有所思的回忆神色。

你俩再一次痛饮宿醉，醒来已是日上三竿，而身边李白鼾声大作，覆在身上的秋被一半挂在你手上，你揉揉发昏的脑袋，推醒了沉睡的李白，而他这会儿还扯着你的被子不肯放手。

"白兄，我该走了。"

玩他一出欲擒故纵。

李白一把揽住我的肩膀，迷茫道："子美要到何处去？"

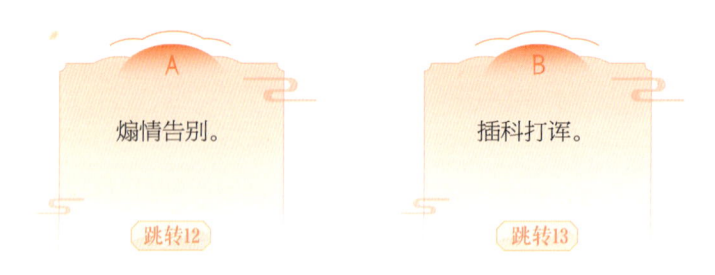

A

煽情告别。

跳转12

B

插科打诨。

跳转13

12

"白兄，今夕一别，不知何日再见。"

李白永远是洒脱无羁的浪子，你久久没等到他的回音，疑惑地低下头去，只听见他重新响起一片鼾声。

跳转14

获得成就卡
惊心意

"科考之期已临近，我要重拾圣贤书赴考去了。白兄，我此前所备充分，有我这样大才，必然一举夺魁。"你故意学他的狂妄模样，以为会换来每次离别时他爽朗轻松的笑意，没想到只剩一片沉默。

你疑惑地低头看向他，他不知是又睡着了还是不愿搭理你，但你好像在他鬓边眉间，窥见了一点点昔日长安窑场里留下的痕迹。这一片长长的无言之后，李白拍了拍你的背。

你笑道："待我功名加身，来日与白兄长安再见！"

李白只说了一个"好"字。

跳转14

14

你忘了当你追逐居庙堂之高的时候，他却已受挫折翼，飒然游历山水也掩不去那一点点的忧愁。他会怎么看你这个踌躇满志的考生呢。

你也没想到这竟是永别。

你仔细一想，忍不住暗恨自己的缺心眼。

李白说"何时石门路，重有金樽开"的时候，是不是有一点预见，此去长安，你们的酒樽再没有能重开的一天了。

感受到李白的苦涩，本就不是杜甫本尊的你对科考更加没有了热情，但是还没来得及动摇，就收到了系统的警告。

> 执行人员不得背离原角色性格，参加科考为主线任务，不可避开。

没办法，毕竟顶着杜甫的文才。你硬着头皮考就是了。

谁知道初到长安就遇重挫，一句"野无遗贤"，把的你寒窗之苦敲得稀碎。

这该死的设定。分明任务是和李白相交，却又强制要求科考，还让你遇见了这种挫折！你甚至都有些消沉。

郁郁不得志的日子里，你想到了酒，想到了李白。

A
重新振作，学李白献赋做官。
跳转15

B
直奔任务，云游四方找李白。
跳转16

15

获得成就卡
以心惜

还没有消沉几天，心里昂扬的斗志又催你重新振作起来。李白昔日献赋做官，你何不也一试呢？

这一试，辗转十年。

十年里每一次凄苦失意，与杯酒相伴的时候，你都会想起李白豪爽的笑意，你不知道原来在经历了这么多磨折之后，还有人能如此快意。

你一步步走过李白的路，却拾不起李白的豪气，原来他可以潇洒放手，你却苦苦执拗。

你处理过棘手的任务，却从未像这次一般，与攻略人物相隔千里。

你以为人生之苦不过如此，知音不见，诗寄无回，你穷困在长安的繁华里，他游历在遥远的四海间，四季晨暮。

但命运弄人，你只是一介小官，凭微薄奉禄存活于世，回乡省家时家中小子竟饿死，满门悲戚。

你忍不住慨叹：这个任务究竟是要攻略李白，还是要历遍杜甫的苦难，锻炼心理承受能力。

没等你的吐槽过去，天宝十四载安史之乱爆发，山河变成了一片丧乱之地。

你终于可以离开长安，可李白离开是去潇洒游玩，你却是四处流离。

跳转17

任务三：盛唐

16

你觉得再这样耗在长安不是事，科考的任务也已经做了，你收拾行囊循着之前信里的只言片语去追随李白的脚步。

以为山高水远，没想到竟真的寻到了李白的所在。

他见你也不曾意外，只是听你讲述了在长安所受的挫折，朗朗一笑，不置一词。

"我无处可归，只愿随着白兄云游。"

山河破碎，狼烟却漫不到李白的世界。

李白最终还是愿意和你同行，晚唐飘零，你们俩却自有乐趣。

虽然时时在李白的身侧，但你能感受到身体里灵魂的悲恸，那是杜甫的一片衷肠，痛哭他的家国与生民。

直到被抽离出系统，你心中仍自问，任务真的就这样完成了吗？

任务失败 抱憾云游

17

后来几经辗转，你得知李白襄助永王李璘谋事，你不知真假，去诗相问，杳无回音。

你心忧如焚，数月后才知道他因此获罪被贬夜郎，之后就难得音讯了。

任务越来越难，因为你不仅难以取得和李白的联系，自己的日子也越过越苦。

你捡了个"左拾遗"的位子，仕途起伏已然常事，而你在听说李白酾酒捞月，坠湖而亡的时候，明明与他相见已是久远往事，可他爽朗笑意仍然在你耳畔。盛唐的繁华在落幕，他真正是盛唐的象征，因为他也走向了陨落。

悲痛之余，你愈发意识到问题的严峻。

李白都已经死了，任务还怎么完成？

质问系统

- 若获得成就【探心弦】【窥心境】【惊心意】【以心惜】　　跳转19
- 若未获得全部成就　　跳转18

18

他在你少时就是名满天下的大才子，是你至死牵挂不下的知音良师。

你只记得他与你同路时的快意潇洒，却忘了在遇见你之前他已历尽沧桑人事，忘记了你们共处不过短短数月，你只是他诗酒传奇人生里一个相处愉悦的朋友。

李白身死，无一挂念，包括你。

任务失败　相忘江湖

19

忽然觉得神思被慢慢地从这具身体里剥离，是任务失败了吗？

很快你不再多想，因为你眼前出现了时时挂念着的———李白。

一叶轻舟，一壶酒，摇摇一盏孤灯，灯影和月影相伴。而李白，他同以往一样，摇着酒壶一饮而尽，酒壶一抛，伸手捞月。

"不知道子美如今何如，待我捞上这轮月，送他作登榜的贺礼。"

一直到落水都没什么声息，你猛然伸手想抓住他，虚空中却什么都没有。而眼前的李白消失不见，破碎的月亮在李白坠落之后颤抖着拼凑回最初的模样。

舟里空空。你眼角落下一滴泪。

李白的诗篇里群星璀璨，你终于也是其中一颗。

任务成功
盛唐羁绊

获得李白的记忆碎片

x1

思君若汶水，浩荡寄南征。

托身红尘中

TUO SHEN

HONG CHEN ZHONG

第四单元

大唐瓜田论坛

文／细雪青衫

　　大唐瓜田是大唐网最大的吃瓜群众聚集地。在这里，吃瓜群众可以选择用固定马甲发言，也可以选择用空白 ID 匿名吃瓜。

　　这一天，大唐瓜田里出现了一条帖子……

大唐瓜田 > 猹猹保护区 > 娱乐八卦

主题：有人看李白大大的最新直播了吗？他说要离开长安，去梁宋那边了诶！

1L：白哥哥的小白鸽
还说过几天会给我们开直播！我要去线下蹲他！

2L：匿名

诶？啥情况？好好的长安不待，要跑去梁宋吗？那地方又没吃的，又没玩的，还没酒喝，哪里有长安好？

3L：大内灵灵发

楼上你知足吧，你的李白大大还有命跑去梁宋就算他运气好了，还想酒肉呢。

4L：匿名

三楼老哥莫非知道内幕，展开说说？

5L：大内灵灵发

这里面牵涉的利益太多，我也不好细讲，你就记住李白大大说是要去求仙问道，实际上是被皇上赐金放还了。其余懂的人自懂，不懂我说了也没用。你品，你细品。

6L：匿名

好家伙我直接好家伙，一开口就是老懂王了。

7L：装X遭雷劈

@大内灵灵发：还赐金放还，直接点，说他被扫地出门得了呗。怎么没当初"仰天大笑出门去，我辈岂是蓬蒿人"的狂劲儿了？

8L：不是白鸽是白鹰

@装X遭雷劈：白黑退散！这里是白鸽交流贴。

9L：匿名

这个事儿我其实有听到一点料的，据说是高力士下的黑手。

你们还记得《清平调》吗？说李白喝得醉醺醺的，皇上让人把他泼醒了以后叫他写诗，他说不舒服太束缚写不出来，叫高力士给他脱靴。

当时高力士笑嘻嘻地给他脱了，可心里不痛快得很，就给贵妃进谗言说《清平调》是李白写出来黑她的。贵妃就给皇上吹了枕边风，加上李白平时又有点不太注意，就被皇上打发走了。

10L：然后下面就没了

我就知道是那个死太监！

有人拼单滴滴打人的吗？我出一钱银子！不要找了，拳头大的来。

11L：匿名

9楼的料编的吧，你是高力士和杨贵妃肚里的蛔虫啊，知道得那么清楚？那我还说是玉真公主的驸马看李白又帅又有才，担心自己头上有青青草原才将他弄走的呢。有人信吗？

12L：白哥哥的小白鸽

啊这……虽然很感谢你承认白大的颜值，但是这种皇家秘密别乱编比较好吧？这帖子我还想要呢。

13L：管理员

因涉及敏感发言，本帖已锁，待删。

很快，这个只有短短13条留言的帖子就被删掉了。然而这并不能熄灭大唐吃瓜群众的热情，于是几天后——

大唐瓜田 ▸ 猹猹保护区 ▸ 娱乐八卦

主题：李白大大终于开直播啦！围观交流帖！小白鸽们快来咕咕咕！

1L：白哥哥的小白鸽

小白鸽们谨慎咕咕咕啊，上个帖子就被封了，千万别再来一次了。

2L：不想上班行不行

救救孩子！我被卡飞了！

3L：匿名

我也飞了！这直播服务器是土豆做的吗？

4L：白哥哥的小白鸽

别哭别哭，我来转图。

今天李白大大去的是洛阳郊外的山上，网速有点差，图糊糊的，将就看吧。

一开始是直播带大家看风景古迹，一边走还一边介绍，跟导游似的。后来他走累了，就进了亭子。他说他已经在洛阳玩了好几天，然后有个人说倾慕他已久，约他出门玩。他现在在等人。

5L：柠檬树下坐着我

实名羡慕能约到李白大大的粉丝！我酸了！怎么样才能让李白大大也约我一次，呜呜。

6L：白哥哥的小白鸽

人来了，人来了！是男的，听口音不太像我们洛阳人，不过声音挺好听的。

7L：匿名

哇，这手长得，手控我表示先舔为敬！

8L：白哥哥的小白鸽

李白大大在聊长安的见闻，还有一些宫里的事情。唉，怀着报国之心去长安，结果就是给皇上当陪玩。难怪他在长安那段时间总感觉丧丧的，还天天喝好多酒。

9L：白哥哥的小白鸽

对不起白鸽姐姐们，我要爬墙3秒钟！

李白举着镜头在介绍一块石碑，一个穿着青衣的年轻人在角落里露出侧脸，似是不小心入镜。

10L：匿名

好清俊的小郎君！一分钟内我要他所有的联系方式！

11L：匿名

白大肯定有，你去他直播间撒泼打滚，看他给不给你，哈哈哈。

12L：白哥哥的小白鸽

已经有人去了。

我还特地录了个动图。白大现在去跟他说话了，声音有点小，好像是在问他要不要过来打个招呼。

13L：白哥哥的小白鸽

白大说那青衣小哥不好意思过来，他担心一直开着直播青衣小哥玩得不自在，要关掉了。然后青衣小哥说带他去喝酒，白大就急吼吼地切了直播走了。

真就小白鸽不如小白酒。

14L：柠檬树下坐着我

慕了慕了，白大这么疼青衣小哥哥的吗，我酸了。白大，我请你喝酒，你也疼疼我啊！

15L：白哥哥的小白鸽

@柠檬树下坐着我：不至于不至于，白大那个"会须一饮三百杯"的酒量估计能喝穷了你。

看样子白大今天是不会返场了，我也吃饭去。等白大再开直播的时候，我会在这边持续更新哒！

直播一天天地播，帖子也一天天地更。李白很快成了大唐瓜田里最红最甜的那个瓜，首页上十个热帖有八个与他相关，而最热门的则是这个：

大唐瓜田　狍狍保护区　娱乐八卦

主题：李白这个旅游主播干脆转行荒野求生吧！我要笑晕了。

1L：我又可以了

说好的谪仙人呢？

李白爬上树摘野果，扔给树下等着的杜甫。杜甫兜起衣襟接住果子，脸上的表情非常担心。

李白和杜甫蹲在一处，看着一株植物相互交谈着什么。

杜甫和李白挽起裤腿站在一条山溪间。杜甫跌坐在水中，浑身上下湿淋淋的，双手依然死死抓着一条大鱼。李白在旁边大笑，笑的腰都直不起来。

这都是什么荒野求生行为实录啊！

2L：匿名

完了，我滤镜太厚，为啥白大都荒野求生了，可我还是觉得他好可爱，哈哈哈哈哈哈!

3L:匿名

杜甫坐在溪水里的单人截图.jpg

这个小哥谁呀,跟白大很熟的样子。

4L:匿名

回 3L,叫杜子美,是白大的迷弟。本来人在洛阳郊外的,结果被白大几句话拐跑了,哈哈哈哈。白大当时跟他说带他去梁宋那边玩,结果是带他来荒野求生的,哈哈哈哈哈!

5L:匿名

噗,这一波杜甫实惨,我马上把剧情快进到写小作文脱粉回踩。

6L:匿名

别想了不可能,杜甫贼稀罕白大,他俩第一次见的那场直播我蹲了。那时候杜甫还不肯露脸呢,但是从声音你能听得出来特激动,感觉有小心心在往外蹦的那种。

他说自己早就读过白大的诗,惊为天人,对白大仰慕已久,知道白大会路过此地,所以特意来求见。还说他觉得白大能在京城那种复杂的环境里保持本心,并且全身而退,非常厉害!

杜甫对白大的诗真是了如指掌呢,我都自愧不如。

7L:匿名

他那么喜欢李白,我看李白也没把他当回事儿啊。

8L:匿名

楼上是没蹲过白大直播吧?白大当初就说了,他的梦想就是要去寻仙访道,他是把杜甫当自己人才带着一起的好吗？你会带个路人甲去做一些很重要的事？

9L：匿名

而且白大一路上很照顾自己这个小粉丝的！手把手教他辨认、采摘仙草，带他去各个道观里游览，投宿的时候还特意交代多照顾杜甫一点。

10L：匿名

对！我那次还看到他们一起游历时，有一段路特别难走，当然白大其实是能过去的，毕竟他十几岁的时候就在蜀中四处游历，爬山对他来说可轻松了。但是他担心自己的小弟呀，一步三回头的，恨不得把他直接背过去。

可是白大，你的小弟杜甫，他也是蜀中人士啊，哈哈哈哈哈哈哈哈哈哈哈哈哈哈哈哈！

关心则乱，关心则乱。

11L：匿名

哈哈哈哈哈哈，那场直播我也看了！杜甫是什么人间大可爱！白大开玩笑地问要不要背他，他脸都红了，哈哈哈哈哈。

12L：生发剂有需要的吗

虽然但是，他们俩也不只是荒野求生啦，还有这种时候呢。

杜甫用树枝在泥地上划出围棋的棋盘，两人以鹅卵石为子对弈。

杜甫坐在松下的石头上弹琴，李白在旁边一边喝酒一边舞剑。

李白微醺，诗兴大发，用剑将诗句刻在树上。

13L：我又可以了

哇哇哇！魏晋风流啊，有谪仙人那味儿了！都是啥时候播的？我怎么没见过。

@生发剂有需要的吗

> 14L：生发剂有需要的吗
>
> 记不清了，我都是有空才点开看，看到喜欢的就截图，没有特意蹲过。
>
> 15L：匿名
>
> 说起来白大今天直播了吗？播啥有说吗？
>
> 16L：匿名
>
> 昨天白大说，他们今天要去拜访一个叫高适的老朋友。他还说提前联系过了，高适到时候会出镜露脸！
>
> 17L：匿名
>
> 双厨狂喜！高适的边塞诗我都是跪着读的！果然杰出的人都喜欢跟杰出的人一起玩啊。
>
> 18L：匿名
>
> 白大的朋友真的好多，走到哪儿都有朋友接待。我那次看他到几个道观里面去，那些道长都跟他很熟的样子。
>
> 19L：匿名
>
> 不止道长呢，三教九流都有，知道白大来了就抢着请他吃饭喝酒。当然也有直接被拐跑的，比如杜甫，哈哈哈哈哈哈。

后面这楼就歪了，有说李白那些半真半假的风流韵事的，有推李白最新诗词的，还有空白ID自称是李白的朋友，分享自己招待李白的故事的。大唐的吃瓜群众们也在这个帖子里玩得相当开心。

啊？你问我是谁？

嘘——我只是一个生活在大唐的小小吃瓜群众哦！

李白安利帖

文／煦缨

"要是能重来，我要选李白。"

叮咚～请收下这份关于李白大大的安利。

原生家庭富裕，富N代本富

安利指数：★★★★

众所周知，李白是富二代出身，其先曾祖定居西域，直到李白的父亲这一辈方才大举迁居，由胡入蜀。那么他的家庭富到什么程度呢？就拿李白作的这首《古朗月行》来说吧，"小时不识月，呼作白玉盘。又疑瑶台镜，飞在青云端。"

李白说，他小时候不认识月亮，以为是白玉盘，后又认为那是瑶台镜。别说在古代，就是在一千多年后的现在，我想大多数人也没见过白玉盘吧，更别说仙人用的瑶台镜了（默默流下了贫穷的眼泪）。这还是在李白牙牙学语的阶段啊，可想而知，家中有矿实锤了。也难怪有网友评论，李白的诗大有"凡尔赛文学"那味儿，是最早的"凡学家"。

被滤镜和才华耽误的盛世美颜

安利指数：★★★★★

李白到底长啥样？

想必大家都看过历史画像中的李白：下巴加肥加厚，两腮外扩，眼睛又长又细，眼角上飞……

难道这就是迷倒万千大唐少女的男神吗？NoNoNo 当然不是！

这源于大唐的迷之审美，达官贵人们纷纷给画师们塞钱，跪求"胖脸滤镜"。

其实李白绝对称得上是大唐的颜值担当。

有诗为证：

杜甫："天为容，道为貌[1]。"

崔宗之："双眸光照人[2]。"

贺知章："此天上谪仙人也。"

魏颢："或时束带，风流酝藉。"

怎么样，听了之后有没有心动的感觉！

文武双全，样样精通

安利指数：★★★

李白的文采想必大家都已知晓，但你知道吗？其实李白的剑术也是一绝。西域的狂放与热情深深扎根于李白心中。他十五岁便学剑术，平生喜任侠。巍峨的长安城朱雀门前，刻着一道深深的剑痕，那是青年时代醉酒后的李白用长剑留下的痕迹。

"十步杀一人，千里不留行[1]。"

---

[1] 《代寿山答孟少府移文书》。

[2] 《赠李十二白》。

据说，李白喜欢给败给自己的剑客作一首诗，于是后来甚至有人专门来找李白比试，只为求一首诗。真是让人哭笑不得啊。

人格魅力大，拥有众多红颜知己。
安利指数：★★★

李白共有过四任妻子，其中的两任都是出身宰相之家。

第一任妻子名叫许宛，她的爷爷许圉师做过宰相。李白的父亲从商，所以李白没有参加科举的资格，想要进入仕途只能通过自荐的方式。前宰相的女婿的名头，能给他带来人脉，也是一种身份的象征。这只是李白愿意入赘许家的原因，并不是说他结婚是为了利用许家。相反他们夫妻二人感情很好，生了一儿一女，可惜许夫人因病早逝，没能和李白白头偕老。

许夫人过世之后，李白带着一儿一女，离开安陆去山东。他喜欢交友、游历，导致两个孩子没人照顾，于世后来经人介绍娶了一个姓刘的女人。刘氏见李白整日诗酒会友、高朋满座，以为他很有钱，没想到他是个"千金散尽还复来"的家伙，没多久就和他离婚了。

李白也鄙视刘氏，写诗讽刺她"会稽愚妇轻买臣，余亦辞家西入秦。仰天大笑出门去，我辈岂是蓬蒿人[2]"。

这首讽刺刘氏的诗，也有一种春风得意马蹄疾的感觉，因为皇帝要召他入京，报效祖国的机会来了。

第三任妻子是李白的邻居，有的书上称她为"鲁女"，即山东的女子。在李白去

---

[1]《侠客行·赵客缦胡缨》。
[2]《南陵别儿童入京》。

长安后替他照顾孩子，最后还为李白生下一个儿子。

第四任妻子名叫宗姬。

宗夫人的家世跟许夫人相似，她也有个宰相爷爷，叫宗楚客。宗夫人和李白相识的时候，李白五十岁了，她是李白的最后一任妻子，可能是因为年纪大了，没有生孩子。宗夫人有情有义，李白因参加过"永王东巡"的队伍而被下狱，宗夫人还四处奔走救他出狱。

不久李白被判流放夜郎国，宗夫人要一起去。李白不忍心，宗夫人就让弟弟宗璟陪着去。当他们到达奉节白帝城的时候刚好遇上大赦，李白坐船一天就回家了——"千里江陵一日还"，夫妻二人这才终于团聚。

能喝酒会吃肉朋友多
安利指数：★★★★★

众所周知，李白爱酒。郭沫若曾做过统计，在李白 1700 首诗文里，有 150 首都和酒有关。10% 的占比已经非常大了，要知道爱迪生可是只凭了 1% 的灵感就成了天才，李白凭着 10% 的酒俨然成了诗仙！

最后喝酒喝得，宗夫人都看不下去了，为了不让自己夫人生气，李白回赠她一首诗：

《赠内》

三百六十日，日日醉如泥。

虽为李白妇，何异太常妻？

——爱你的小白白

李白不光喝酒，关键是他还有陪他一起喝酒的兄弟！

贺知章、元丹丘、岑勋、孟浩然、汪伦、王昌龄、杜甫……他们都与李白是好友，其中杜甫更与李白是知名CP……不，是高山流水遇知音的密友。

许多人认为在这段关系中，老实人杜老师一直在单方面地付出，是"热脸贴冷屁股""剃头担子一头热"，让粉丝们想起来就心疼。

因为在两人的诗集中，杜甫提及李白的多达15首，而李白提及杜甫的却只有4首。

那么李白是真不待见杜甫吗？其实不然，这还要从他们的相识说起。

他们是在唐天宝三年结识的。那年初夏，在东都洛阳，两人首次相遇。那时的李白已是44岁的大叔，早就是一线网红，只是刚"帝赐放还"，心情很郁闷。而杜老师呢，尚是30出头的小伙子，考试没考好，官没做成，诗也没写几首，还是无名文青一枚。但他那时还没有被生活折磨得半死不活，有着满腔热血和满脑子的理想主义，遇到李白遂一拍即合，两人成为"忘年交"。

所以他们的关系定位，其实是很清楚的：杜老师是小年轻，他十分崇拜李白这个前辈大咖，将其视为偶像。而李白对这位后生，则是欣赏和器重。

李白虽赠予杜甫的诗不多，却对他寄予了极其深厚的思念之情。有诗为证"思君若汶水，浩荡寄南征"。意思就是：思念就像汶河的水，给你寄去我的情。

像李白这样的人如果不是和杜甫关系很好，又怎会给他写这样一首诗呢？

所以，仅凭赠诗的多少来判断二人的友谊是否坚固，这是绝对不可取的。

回望李白这一生，他仿佛总是很洒脱，但他也有失意的时候啊。然而，不管是无缘科举还是遭到权贵构陷而被贬，他都依然以乐观积极的态度面对人生。"安能摧眉折腰事权贵，使我不得开心颜"，这是他在纷扰世界里坚持做自己的真实写照。

"酒入豪肠，七分酿成了月光，余下的三分啸成剑气。绣口一吐就半个盛唐。"

这就是李白。

论在唐朝如何成为『富一代』

文／晚无

答主：

谢邀，在下不才，不过是自费带着一大家子人来了趟"归国游"，又在长江建了几个庄子，着实没有什么钱。不过，凭我在西域和中原多年的从商经验，对于这个问题倒是略有拙见，对错与否，大家全当一乐。

在唐朝如何成为"富一代"？

左右逃不出六字：天时、地利、人和。

——————分割线——————

①

首先，要有一个相衬的身世，此为天时。天将降大任于斯人也，必先给予其离奇悲惨之身世。一个曾经显赫的家世背景，会给人一种"我，主角，打钱"的自信。而一个曾经显赫但现在无比拖后腿的家世背景，会给人一种"在一条路上坚持坚持再坚持"的自信。毕竟，也没有别的路可以走。

鄙人李客，祖上是凉武昭王，蝉联圭祖，世为显著，妥妥的主角配置。然而盛极而衰，后来我的祖上被贬，不得不改姓隐居，我也因此惨提"罪人之后"的头衔。在"罪人之后"这个"闪耀的光环"下，我曾一度惶惶不可终日，甚至脑补出了从政无门，全家生计全靠那一亩三分地的地租收入，家人节衣缩食，面黄肌瘦，甚至流落街头等一系列小剧场。

所以说，我走上从商这条路，实属无奈，虽说商人"重租税以困辱之"，但"用贫求富，农不如工，工不如商"。

唉，懂的都懂，不懂的我也不多说了，都是辛酸泪。

2

其次，要具备一个相衬的生长环境，此为地利。在若干不同时期，各民族之间多处于"相爱相杀"的状态中。你说要打仗，可以；你说要做生意，那也不耽误。唐朝建立以后，继承了这一优良传统，少数民族看重了中原的丝织品、生产工具；与此同时，中原相中了少数民族的牛、马等大量牲口，于是双方一拍即合。

鄙人的祖籍是陇西，现在客居西域碎叶城。好巧不巧，这碎叶城正好是个商贸重地，诸国胡商频繁往来，沿路的驼铃声不绝于耳。

毫不夸张地说，我这些年见过的商队比你头上可怜的头发还要多。

在这样的大环境下，作为一个非土著，我改变不了环境，所以就要适应环境，适应了环境，还要利用环境。

于是我的经商 buff 成功加满，不用太羡慕。毕竟，羡慕也不一定羡慕得来。

当然，最重要的是人，要充分发挥人的主观能动性。

首先，要有详细的职业生涯规划。

做职业规划前，对市场的考察必不可少。经过我多方面、深层次的调查走访，得出以下结论：

唐朝社会发展的基本情况：在唐朝，政府分田，耕田有曲辕犁，灌溉有水利工程。一个人闲来无事出去溜达，连粮食都不用带，沿途就能得到粮食和供给。在家则不用锁门，毕竟失窃是不可能失窃的，生活处处充满着"love and peace"。

唐朝未来的发展趋势："经济基础决定上层建筑"。农业生产已经满足不了人们日益增长的物质需求，商业发展是大势所趋。《唐六典》中提到"凡关呵而不征"，意思是工商业者免除交纳税收。于是，工商业者支棱起来了。再加上之后诸如开元通宝等年号钱的推广，让人们不再对货币的称谓与形制迷茫，商业发展成功地搭上高速快车。

注：如需引用以上结论，请飞鸽传书私信本人。

同时，对职业的选择也颇为重要，适合自己的才是最好的。唐朝官营和私营的手工业种类繁多，下面列举一些行业供各位参考：

家中有矿的，可以考虑采矿、冶炼、铸造一条龙；有手艺的，刺绣、雕刻、酿造也不错；喜欢小动物的，也有养蚕和纺织业可以考虑。

但显然，以上所列举的一些行业对于专业技术要求高，门槛高，入行不易。此时，不妨考虑一下商品交易。我的"同事们"曾表示，他们不生产产品，他们只是产品的搬运工。鄙人正是靠此发家，至于本人在西域从事何种商品贩卖的活动，因为涉及商业机密，不便详说，但却可以为大家提供一些信息。

唐时剑南道，茶叶为其畅销品中的"魁首"，铜铁、食盐以及其他药材也颇受欢迎，自然，奴隶交易也是利润满满。

先说茶叶。茶叶从文人雅客心中的白月光，变成大众生活中的必需品是中唐之后的事情。想当初，"饮茶"这一概念出现时，我的儿子都已离开蜀地，当真是往事不可追。

至于盐铁，这些矿业由唐朝政府直接管辖，虽然允许一定限度的民间自由开采，但也是戴着脚镣跳舞。同时，技术你要有，人力你要有，而古代技术相对落后，还有安全等问题，可谓是难上加难。而"走私"这条"捷径"则充满风险，惩罚方式详见《唐律疏议》卷三十"断狱"，简而言之，你的鸡飞蛋打，你自己也要受到牵连。

至于奴隶交易，不提也罢，我本人最见不得这些。这点我儿子像我，给你们看看他的诗词"欲折月中桂，持为寒者薪"，多么有风骨。对于此，诸位想了解更多，推荐《丝绸、奴隶和佛塔：丝绸之路的物质文化》，本书中提到丝绸之路带来的不仅仅是各种异域商品，还有被当作商品的奴隶。

与职业规划同样重要的，是对时局的把控和断舍离的果敢。这点，我自认做得不错。唐神龙年间，碎叶一度被西突厥所占。于是，路被封了，人心散了，生意做不成了。胡商们只好各回各家，各找各妈。我果断地放弃了在西域多年的经营，凭借正确的选择和雄厚的财力，阔气地带着一大家子重返中原——目标蜀地。

这里大家可能要问了，为什么要选择蜀地呢？

其实很简单：蜀地，西南都会，国家之宝库，且凭借其地理优势，达成"天下饥乱，唯蜀中丰静"的成就，又有蜀锦名满天下的名气加成。

绵州是著名的丝绸之乡，其周围的益州、彭州、蜀州等地也都是盛产丝绸的地方。最重要的是，绵州也是胡汉杂居，这不禁让我倍感亲切。

如此我的人身安全、职业发展以及心理健康都有了保障。

"搬家"后我继续发展事业。将庄口建到了长江上游和中游去，把巴蜀的产物运销吴楚，然后把吴楚的产物运销巴蜀。

如此，倒是赚了些小钱，勉勉强强算得上富一代。我那"东游维扬，不逾一年，散金三十万"的儿子也勉勉强强地成为了"富二代"。

以下为补充回答

为了防止孩子啃老，在孩子成年，可以子承父业后，我秉承西域"丈夫年二十去旁国，利所在无不至"的传统，打发走了几个孩子，开始了我"高卧云林，不求禄仕"的生活。

毕竟，成为"富一代"后的日子，就是那么朴实无华。

任务四：捞月

文／明戈

已完成　　　已完成

点击进入任务

人物ID：操作员61号　　　主要目标：破解李白身世之谜

进入时间：唐朝　　　　　特殊道具：闪现卡

正在为您载入世界……

1

你这次降落得十分不美观，由于没站稳，直直地摔到了地上。

你本以为是黑夜，应该没人看见。谁料等你揉着胳膊正要站起来时，面前多了一个小男孩。

"你是何人？"男孩脆生生地问道。

嚯，这小孩还真不怕人。

借着月光，你直起身来向前看去。只见这男孩穿着暗纹提花锦袍，脚下一双花鸟缎面云头履，一看就是富贵人家的小公子。只见他的头发束得整整齐齐，一双大眼睛又黑又亮，正满脸疑惑地看向你。

"我……我是新搬来的邻居。"你顺口扯了个理由。

男孩的表情由疑惑变成了审视，眼神里满是"那我为什么没见过你"的意味。

你怕这个话题再聊下去不好编，连忙话锋一转问道："你可是李白？"

小男孩微微一抬颔："正是。"

你查看了下任务栏，发现第一个任务便是破解李白的身世之谜。定位显示现在这里是绵州昌隆县青莲乡，那么李白究竟是祖辈在此，还是曾举家迁徙，骨子里又是否流淌着西域的血呢？

一切谜团的答案，都在眼前这个冷脸看着你的小男孩身上。

但很明显，他现在对你有些防备。

你为了拉拢关系，决定_____

A
拿出口袋里的糖。

跳转5

B
和他讨论月亮。

跳转3

②

"不认识不认识，我只是路过，想来安慰你几句而已。"你连忙否认，因为你也不知道要如何解释。

不过反正你已经知道了为何李白不去科考，也算是完成了任务。

正当你走出旅馆，决定返回调查局时，系统似乎并不让你离开。

这是怎么回事……

难道你遗忘了什么事吗？

跳转10

③

你觉得李白既然是诗仙，那一定与寻常幼童不同。比起糖，说不准月亮更讨巧。

"嘿，你看天上。"你指向漆黑夜空中的月亮。

李白被你这突然一指弄得一愣，而后问："怎么了？"

你继续道："这岂不是……白玉盘？"

李白听后脸上瞬时露出惊喜的表情，而后拍着巴掌说道："巧了！我从小就觉得它是白玉盘！"

你一脸黑线：你现在也不大啊！

李白似乎很满意你们"英雄所见略同"，而后转身面向你，有模有样地一抱拳道："既然我们有同样的见解，那我们便是朋友了。"

你不禁感慨，小孩子的心思还真是简单。

"既然我们是朋友了，那你能不能告诉我你祖籍是哪里？"

李白坐到了石凳上，一边扬起小脑袋看着月亮，一边回答道："可以呀。我爹和我说，我家原在西域。所以我祖籍是碎叶城那边的。"

你接着问道："那你也是在那里出生的？"毕竟李白长得一副混血模样。

李白摇摇头："不是，我家在神龙元年就举家搬回来了，我是在四川出生的。"

你心里偷偷窃喜，任务完成得相当顺利。

李白转过头反问你道："那你呢，你在哪里出生？"

你想了想，而后笑着回道："离你不远。"

反正都是在中国，当然不远，只不过隔了千年罢了。

由于已经解决了问题，你准备起身告辞。就在这时，李白忽然叫住你。

"等一下，你能陪我玩一会吗？"

听到他的请求，你决定 _____

A
点头答应。
跳转10

B
委婉拒绝。
跳转8

❹

记录完毕,你翻开下一页,看向下一个调查任务。

李白从未科考,是否真如世人所言,是因为身为谪仙不屑如此?

你抽出闪现卡,来到了唐开元十八年的安陆。你记得这时他刚求官被拒,说不准可以得知其原因。

你来到旅馆,还没进李白家的屋门,就闻到一股好大的酒味。

李白正醉眼蒙眬,借酒消愁。就连你推门进屋都没发现。

"太白。"你轻声唤道。

李白眯着眼转过头,也许是太醉了,竟也不管认不认识你,直接举起酒杯。

"来,喝酒。"

你看着失意成此般模样的李白,心中不禁长叹一声。

一个那么潇洒恣意、狂傲不羁的人,竟也会为了谒不开朱门如此惆怅。

过了半晌,李白微微清醒了些,你不由问:"既然举荐之路不通,太白何不去科考?"

李白眼睛瞬时清亮了一下,而后黯淡下去:"可除工商殊类,刑家之子,永不得科考。"

这时,李白转头看向你,盯了片刻后问道:"等等,我是认识你吗?"

- 若有 暗号　　跳转7
- 若无 暗号　　跳转2

❺

你拿出一块巧克力糖,递到李白面前。

"若你能回答我几个问题,这块糖就给你,好不好呀?"说罢,你露出一个自认为无比有亲和力的笑。

李白面无表情地看了看你,又看了看你手上的糖,似乎毫无兴趣。

嗯?不应该啊,小孩子不都喜欢吃糖吗?

正当你疑惑哪里出了问题时,李白忽然提高嗓门喊了一声"管家"。

管家闻声赶来,他见你一个生人竟偷偷潜入李府,立刻将你扭送到了衙门。

任务失败

6

你猛地冲到了李白面前推开他,可稍晚了一步。在你轻轻一推下,剑扎穿了你的脚面。

李白看向你的表情都惊呆了,不过你还是露出了一个坚强的微笑。

"能救下你,值得。"

由于你身负重伤,调查局紧急将你召回。

回到调查局后你才想起来,李白方才好像不是疯了,而是在练他师父的绝技——掷剑入云。

可惜现在为时已晚。

任务失败

你早就想通了李白当年的那首诗谜。

"雨打灯难灭，风吹色更明。若非天上去，定作月边星。"这不就是萤火虫吗？

于是你看向李白，笑了笑道："太白可还记得少时的萤火虫？"

李白微微怔了一下，似乎是在回忆。而后朗声大笑起来："你是那个邻居？"

你点点头。

李白仔细看了看你，不由叹道："看来我的确是喝多了，竟觉得你和当年长得毫无变化。"

你听后有些心虚地侧过了头。

"我还记得那时你问我祖籍是哪里……祖上是因为犯了罪，才被派到西域的。小时候爹和我讲这件事时，我都是当故事听。直到长大后才明白，我原是罪人之后。

除工商殊类，刑家之子，永不得科考。"

李白说罢露出了一丝苦笑。

原来如此。

虽然你现在已经知晓了全部的原因，可你并没有过多完成任务的喜悦。

你反而十分心疼面前这个失意的诗仙。

纵有一身文曲星的才华，却也要被那两句话打回凡间。这是何等无奈和遗憾。

你斟了一杯酒，敬向李白。

"太白无须烦闷。就算这仕途坎坷，疾风甚雨，太白也……"

这时李白却笑着伸手示意，打断了你。

"不用担心我，不过一时烦闷而已，没事的。"

说罢，李白举起杯，重重地和你碰了一下。

"世间之事，皆如虫萤。若一身傍月，何要月边星？"

任务成功

获得李白的记忆碎片

×1

❽

"很抱歉,下次有机会再陪你玩好吗?"你也不想骗他,可时间紧迫,还有好几个任务等着你完成。

李白面露遗憾,点了点头,和你挥手告别。

跳转11

❾

你记得李白在长安这一年由于没钱,常和市井之徒混在一起。

而现在正值"斗鸡"风靡之时,上至玄宗下至商贩,都喜欢这项娱乐活动,李白若是终日在市井游荡,定是也不例外。

等等,所以拿剑那个人,该不会是李白吧?

你心下一惊,赶紧跑了过去,直接冲到了围观群众的最前排。

只见李白正手持剑,对面是几个人高马大的汉子,对李白虎视眈眈。

你连忙问旁边一个围观的行人这是怎么回事。行人说,前面那位侠客因为几个斗鸡徒出老千，当场发怒，说要惩恶扬善。结果那些斗鸡徒叫来了当地的五陵豪士来教训他，其实那些所谓的武陵豪士说白了不过就是些亡命徒。

你又看向李白。只见他手腕轻转，做了几个挽刺动作，剑锋直逼几人而去，吓得那几个人一愣。

眼看那剑锋逼到他们跟前，李白高声道："刀剑无眼，还不快认错。"说罢定在原地，并未继续向前。

双方僵持了半响，直到一壮汉猛地向前迈了一步，李白竟拿着剑后退了。

"哈哈，看，他不敢用剑对付我们。"

而后几人面色逐渐发狠，齐向李白走来。

李白一边后退，一边咬牙道："我不是不敢，是不想伤人！"

正当那几个亡命徒将李白围起来时，有一人从远处快马加鞭地赶过来高喊道："官兵来了！"

那几个"豪杰"一听，吓得顿时作鸟兽散。

围观看热闹的众人见无戏可看，都纷纷散了，李白也在刚才那人的陪同下回了客栈。

而经此一番场景，你心下了然了七七八八。你拿出笔记本记录道："剑术还算不错，但杀过人的概率基本为零。"

跳转4

10

你看向李白，实在不忍拒绝，于是便答应了。

李白开心道："那我来给你出道谜题，若你猜出来了，便再给我出一道。"

你点了点头。

好家伙，不愧是诗仙，连玩都这么费脑子。

"雨打灯难灭，风吹色更明。若非天上去，定作月边星。"

嗯？什么？

你听后一头雾水。

这次还真不是因为不想陪李白猜谜，是你真没猜出来。

于是你遗憾地向李白说了声抱歉。不过李白倒是没怎么失落，还说等你猜出来了，那谜底便作你们之间的暗号。

"好。"你笑着挥了挥手。

获得 暗号　　跳转11

⑪

你离开李府，开始查看下一项任务。

李白有没有杀过人，究竟会不会剑术？

资料上说李白少时曾师从大唐第一剑圣裴旻，还称自己"十五好剑术，遍干诸侯"。

听起来，李白应该是挺厉害的。不过这种事，为防止有吹的成分，还是应该亲眼去看看。

于是你将闪现卡定位到了北平郡，那是李白去找裴旻学剑的地方。

正当你穿行过一片密林，打算前去裴旻家看看李白练得如何时，只见林中一人正拿箭射猛虎。

这莫不就是那位大将军裴旻？

你胆战心惊地看着眼前人虎相争的画面，不禁佩服这师父真是够厉害，顺便理解了日后李白为什么能在山虎之前抱友尸而不惊。

有个这么猛的师父，长大后会怕虎就怪了。

到了裴旻家，你从院子一角向里张望。只见少年李白正挥汗如雨地刻苦练剑，一招一式还真是有模有样。

正当你在心里默默赞许时，忽然，李白将剑掷到了空中。

那把剑在空中打了个转，然后直直地向着李白冲了下来。

这是啥？！

"李白疯了吗？怎么不跑？"你心里急得不行。

眼看着那把剑离李白越来越近，你决定 _____

A
冲出去推开李白。
跳转6

B
按兵不动。
跳转12

12

你知道，身为一个调查员，不论发生什么事都不能擅自改变历史。

你心里的念头刚闪过，那把剑也直直地插在了李白身侧。

"哎……师父的掷剑如云我什么时候能学会啊。"李白嘟囔着。

而这时，裴旻也推门进来了。他揉了揉李白的头发，笑着说："还没学会走，便要学跑了。你先把基本功练扎实再说。"

二人说罢，便继续一同习剑了，而你也闪身回到了树林。

看来李白的确是会剑术，而且水平还算不错。

你心下思忖着，那李白究竟杀没杀过人呢？

想到这个，你不由记起来了他的《侠客行》。

"十步杀一人，千里不留行。"

啧，这听起来倒真像个杀人不眨眼的主儿。

你用闪现卡来到了唐开元十九年的长安。若说李白想行侠仗义，血刃蛮徒，那

213

长安自然是个绝佳的地方。

你前脚刚踏入长安城繁华无比、车水马龙的街市，就在街边看见了告示牌。

——"法治社会，杀人重罪。"

你不禁觉得任务的前一半已经解决了。

不过你转念一想，其实也说不准。

毕竟"托身白刃里，杀人红尘中"，万一李白的确杀过人，只是跑得快，没人知道是他呢？

定位器显示李白在这附近不远处，于是你边思索边沿着街边走。不多时，前面出现了一个斗鸡摊。

远远瞧着，似乎是有人起了争执，还有人手里拿着剑。

见此情景，你决定＿＿＿＿＿

A
上去看看。
跳转9

B
命要紧，
先撤一步。
跳转13

13

万一被误伤，在古代凉凉了可咋办？

你连忙站得更远了些。

不多时，来了一伙宪台的人。而随着官府的介入，前面的人群也慢慢散了。

这时你再看向定位器，李白竟早已不在搜索范围内了。

由于你弄丢了任务对象，第二项任务只得被迫中止。

任务失败

任务四：捞月

本次任务正式结束，请填写你的任务报告，
并扫描上方二维码，关注"古人很潮"，发送"录入数据"，
将报告录入数据库。

图书在版编目（CIP）数据

李白：与君天下游 / 古人很潮编著.
—武汉：长江出版社，2021.4
ISBN 978-7-5492-7637-0

Ⅰ.①李… Ⅱ.①古… Ⅲ.①李白（701-762）-生平事迹-通俗读物
Ⅳ.①K825.6-49

中国版本图书馆CIP数据核字（2021）第059022号

本书经天津漫娱图书有限公司正式授权长江出版社，在中国大陆地区独家出版中文简体版本。未经书面同意，不得以任何形式转载和使用。

李白：与君天下游 / 古人很潮 编著

出　　　版	长江出版社			
	（武汉市解放大道1863号 邮政编码：430010）			
选题策划	漫娱图书　买嘉欣			
市场发行	长江出版社发行部			
网　　　址	http://www.cjpress.com.cn			
责任编辑	钟一丹			
特约编辑	郭　昕　买嘉欣　杨宇峰			
总 策 划	熊　嵩			
执行策划	罗晓琴	开　　本	710mm×1120mm　1／16
装帧设计	赵一麟　李梦君　刘江南	印　　张	13.5
印　　　刷	深圳市精彩印联合印务有限公司	字　　数	170千字
版　　　次	2021年4月第1版	书　　号	ISBN 978-7-5492-7637-0
印　　　次	2024年5月第18次印刷	定　　价	49.80元

版权所有，翻版必究。如有质量问题，请联系本社退换。
电话：027-82926557(总编室)　027-82926806(市场营销部)